MON
ÉQUIPE
EST MULTI
COLORE
MAIS JE
SUIS
DALTONIEN

Les Éditions Transcontinental inc.
1100, boul. René-Lévesque Ouest
24ᵉ étage
Montréal (Québec) H3B 4X9
Tél. : 514 392-9000
1 800 361-5479
www.livres.transcontinental.ca

Pour connaître nos autres titres, consultez le www.livres.transcontinental.ca. Pour bénéficier de nos tarifs spéciaux s'appliquant aux bibliothèques d'entreprise ou aux achats en gros, informez-vous au **1 866 800-2500.**

Catalogage avant publication de Bibliothèque et Archives nationales du Québec et Bibliothèque et Archives Canada

Samson, Alain
Mon équipe est multicolore, mais je suis daltonien

ISBN 978-2-89472-403-3

1. Multiculturalisme en milieu de travail. 2. Accommodement raisonnable. 3. Personnel - Direction. I. Titre.

HF5549.5.M5S25 2009   658.3008   C2008-942521-9

Révision : Jérôme Mailloux-Garneau
Correction : Lyne Roy
Photo de l'auteur : Paul Labelle © 2006
Mise en pages : Centre de production partagé de Montréal, Médias Transcontinental
Conception graphique de la couverture : Charles DesGroseilliers
Impression : Transcontinental Gagné

Imprimé au Canada
© Les Éditions Transcontinental, 2009
Dépôt légal – Bibliothèque et Archives nationales du Québec,
1ᵉʳ trimestre 2009
Bibliothèque et Archives Canada

Nous reconnaissons, pour nos activités d'édition, l'aide financière du gouvernement du Canada par l'entremise du Programme d'aide au développement de l'industrie de l'édition (PADIÉ). Nous remercions également la SODEC de son appui financier (programmes Aide à l'édition et Aide à la promotion).

Les Éditions Transcontinental sont membres de l'Association nationale des éditeurs de livres (ANEL)

Alain Samson

MON ÉQUIPE EST MULTI COLORE MAIS JE SUIS DALTONIEN

Les Éditions
Transcontinental

Préface

Caroline Thibault
présidente de Formatout

À lire ce texte d'Alain Samson, je me dis qu'il était plus que temps qu'un auteur-conférencier à succès dans le domaine du management éveille la conscience populaire québécoise à la nécessité de s'ouvrir à la diversité, autant culturelle que générationnelle.

L'ouverture à la diversité générationnelle, Alain en avait déjà traité dans *Les boomers finiront bien par crever*. Cette conférence a été tellement populaire que je l'ai vendue à plus de 100 reprises, et sa popularité ne faiblit pas.

Toutefois, il manquait à cette conférence l'angle culturel. À ce chapitre, nous avons du terrain à rattraper au Québec. Je discute régulièrement avec des organisateurs d'événements en Ontario et au Nouveau-Brunswick, et dans ces régions, il y a belle lurette que ce sujet est à l'avant-garde et qu'on se préoccupe de l'intégration des nouveaux arrivants. Mais au Québec, il en est autrement. C'est comme si on n'avait pas encore pris conscience du fait que notre avenir passe par une plus grande ouverture au multiculturalisme.

Pourtant, Alain vous démontrera qu'il est plus que temps de s'y attarder. Les chiffres sont implacables : les entrepreneurs qui refuseront de s'ouvrir à la diversité culturelle au cours des prochaines années courent à leur perte.

Je prédis que ce livre aura autant, sinon plus de succès que celui sur la différence intergénérationnelle. Non pas parce que c'est un de mes protégés qui l'a écrit, mais simplement parce qu'il traite d'un phénomène que nous devons maintenant regarder en face au Québec. Arrêtons de penser que nous nous en sortirons tout seuls. Il y a plein de gens, venus d'ailleurs, qui sont prêts à nous aider à relever les défis de demain.

Allons-nous leur dire non ?

Bonne lecture à tous,

Caroline Thibault,
présidente de Formatout
www.formatout.com

Table des matières

Introduction

L'esprit de clan

Nous sommes frères par la nature, mais étrangers par l'éducation.
Confucius

Si vous le voulez bien, remontons quelque peu le fil du temps. Reportons-nous à il y a quelques dizaines, voire quelques centaines de générations et mettons-nous à la place de nos ancêtres.

Dans ces temps-là, les gens étaient chasseurs-cueilleurs. Ils vivaient en bande et, pour leur survivance, profitaient de ce que la nature avait à offrir en gibier et en fruits. Mais elle était implacable et ne donnait que le minimum. C'était bien avant l'agriculture. Pour qu'il puisse grandir, le clan avait besoin d'un territoire assez grand, et sa survie était menacée dès lors que des intrus venaient dérober les ressources qui se trouvaient sur leur territoire. Même qu'à la rigueur, pour survivre à une période de disette, le clan devait envahir les territoires limitrophes.

Qu'est-ce qui favorisait la survie, voire la prospérité des clans ? L'habileté à protéger le territoire, bien entendu. Ceux qui ont survécu et qui ont pu procréer sont ceux qui réagissaient promptement dès qu'un « étranger » osait s'aventurer sur leur territoire. Ceux-là devaient être chassés ou tués afin de protéger le territoire et, ce faisant, la survie du clan. Les clans les plus aptes à survivre étaient ceux chez qui on trouvait les individus capables de réagir le plus rapidement en attaquant, lorsque envahis, ou en se défendant, lorsque attaqués.

Nous et eux

Comment reconnaître rapidement ceux qui font partie de notre clan afin de pouvoir efficacement chasser les intrus sans nous attaquer inutilement aux nôtres ? Il y avait d'abord les signes évidents, par exemple la couleur de la peau et la langue parlée ; ensuite, les signes distinctifs, tels que les bijoux, les peintures de guerre, la coiffure, les vêtements, etc. À la simple vue de ces signes, un individu pouvait déterminer si son vis-à-vis faisait partie de son clan. Dans l'affirmative, tout se passait pacifiquement. Dans la négative, il sentait l'adrénaline envahir son corps et il pouvait attaquer ou alors s'empresser d'aller avertir le clan qu'un envahisseur était sur place. Ce sont les clans qui ont su protéger leur territoire et envahir celui des autres qui ont survécu, qui ont eu des enfants et qui vous ont transmis leur bagage génétique.

C'est ce qui fait que vous êtes aujourd'hui programmé pour automatiquement distinguer ceux qui font partie de votre clan et ceux que vous considérez comme des ennemis. Vous ressentez toujours le besoin de protéger votre territoire et vous êtes constamment à l'affût de signes vous permettant de déterminer à qui vous pouvez faire confiance et de qui vous devez vous méfier. Ce mécanisme est tout à fait naturel, et vous ne devriez pas en avoir honte.

Cependant, le monde a changé. Les frontières des territoires sont devenues fluides, et il est fort possible aujourd'hui que vous ayez davantage besoin de la personne qui ne vous ressemble pas que de la personne qui pourrait passer pour votre sosie. Le problème, c'est que vous n'arrivez pas à lui faire confiance d'emblée. Alors qu'autrefois votre survie nécessitait le concours des gens qui vous ressemblaient, aujourd'hui, elle dépend probablement de votre capacité à apprécier la diversité humaine, à interagir avec ceux et celles qui ne vous ressemblent pas. Ce livre a précisément pour but de vous initier à une vision saine de la diversité humaine, d'autant que la définition des mots « nous » et « eux » a changé. Il est donc naturel que nous changions nous aussi.

LA TERRITORIALITÉ EXISTE ENCORE

En octobre 2007, à Lebel-sur-Quévillon, au Québec, la minière Breakwater annonçait l'embauche de 50 travailleurs tunisiens alors que plus de 500 travailleurs locaux étaient sans emploi, victimes de la crise de l'industrie forestière.

Les médias ont immédiatement été alertés. Comment se faisait-il qu'on préfère des « étrangers » à des travailleurs locaux pour la seule raison qu'ils avaient les compétences nécessaires ? Les autorités syndicales annonçaient même que la décision de la minière était « immorale et indécente ». Ne t'approche pas de mon territoire si tu ne me ressembles pas !

La génétique et la culture

Il n'y a pas uniquement la génétique qui vous pousse à moins apprécier les gens qui ne vous ressemblent pas. Le milieu dans lequel vous avez grandi a probablement aussi influé sur votre vision des autres. Que disait-on, dans votre famille, à propos des « autres » ? Que sous-entendait-on ? Qu'est-ce que les médias vous communiquaient ?

Par exemple, je suis né dans la région du Centre-du-Québec, en 1960. J'avais 10 ans lors de la Crise d'octobre. J'ai vécu mon adolescence en pleine effervescence nationaliste. J'ai entendu René Lévesque et Jacques Parizeau me répéter à quel point les Anglais ne nous aimaient pas, nous les francophones. À force d'entendre des assertions comme celle-ci, on finit par les croire.

En 1978, lors de ma première sortie en territoire ontarien, j'étais sur le qui-vive. Je me demandais comment on me recevrait en apprenant que je suis québécois. J'espérais qu'on ne m'agresserait pas... Tu parles d'une manière de préparer un individu à conquérir le monde !

Il sera question, dans ce livre, de l'impact que la culture populaire a eu sur votre perception des autres.

NOUS NE SOMMES QUAND MÊME PLUS DANS LA PRÉHISTOIRE...

Ah non ? Faites ce test. Entrez dans un ascenseur où il n'y a qu'une autre personne et placez-vous tout près d'elle. Immédiatement, vous sentirez le malaise. Vous êtes dans son territoire, et il y a fort à parier qu'elle changera de place ou qu'elle quittera l'ascenseur à la première occasion. Pénétrer dans le territoire d'un autre, même aujourd'hui, ÇA NE SE FAIT PAS ! Même si vous ne représentez pas une menace. Même si vous n'êtes pas d'une autre race.

Notre objectif

Pour ce livre, mon objectif est simple : vous aider à prendre conscience du fait que, pour relever les défis auxquels doivent faire face les entreprises québécoises, il faudra revoir votre définition du mot « clan », notamment en y incluant des gens que, traditionnel-lement, vous auriez perçus comme des « étrangers ». Je souhaite donc vous aider à apprécier la diversité, notamment culturelle.

Je procéderai en plusieurs étapes. Je commencerai en vous présen-tant les avantages et les faiblesses d'une équipe de travail uniforme, dans laquelle tous les membres se ressemblent et partagent le même bagage culturel. Je vous expliquerai ensuite pourquoi ce modèle ne pourra pas tenir la route à moyen terme, et je vous exposerai les raisons pour lesquelles il faut s'ouvrir à la diversité.

Ensuite, nous tâcherons de découvrir ce qui nuit à la capacité d'in-tégration (ou d'accueil) d'une équipe ou d'une communauté, puis nous nous demanderons comment vous pouvez, en tant qu'agent de changement, aider votre organisation à miser sur la diversité, pour commencer, dès aujourd'hui, à faire face aux menaces qui ris-quent de l'anéantir.

Je dois également traiter des écueils potentiels. Il ne se passe pas une semaine, actuellement, sans qu'un média vous présente les consé-quences catastrophiques des *accommodements raisonnables*. Je vous aiderai à voir plus clair dans tout ça. Embrasser la diversité n'im-plique pas l'« aplaventrisme » décrié par certains.

Ce qui suit n'est pas révolutionnaire. De nombreuses entreprises ont déjà relevé ce défi et bénéficient de ses retombées. Pourquoi n'en feriez-vous pas de même vous aussi ?

Pourquoi ce titre ?

Tout simplement parce qu'une chose s'est imposée à moi pendant que je faisais ma recherche pour la rédaction de ce livre : aujourd'hui, malgré la diversité composant la main-d'œuvre des différentes organisations, la majorité des gestionnaires s'entêtent à faire comme si tous les employés étaient identiques, avaient les mêmes besoins et devaient être traités de la même manière. C'est comme s'ils étaient insensibles à la palette d'individus qui composent leur main-d'œuvre. C'est comme si, face à ce bel arc-en-ciel, ils ne percevaient qu'une couleur.

Les gens que vous gérerez dorénavant seront différents les uns des autres. Vous devrez adapter votre gestion à la spécificité de chaque employé. Si votre équipe est multicolore, vous devrez avoir une approche multicolore. Comme vous le découvrirez tout au long de cet ouvrage, l'époque de l'emploi *one size fits all* est révolue.

Chapitre 1

Ah ce qu'on est bien, tous pareils !

L'uniformité, c'est la mort ; la diversité, c'est la vie.
Mikhaïl Aleksandrovitch Bakounine

Avez-vous déjà suivi un cours de vente ? Qu'en avez-vous retenu ? Vous souvenez-vous du truc le plus efficace pour vous faire apprécier d'un client potentiel ? Eh oui, trouvez-vous des points communs, car c'est la découverte des similarités entre vous et les autres qui fait le plus aisément grandir l'appréciation de ces derniers à votre égard. Comme nous l'avons évoqué en introduction, la différence fait naître la méfiance. On fait davantage confiance aux gens qui nous ressemblent.

L'uniformité présente pourtant des avantages. Par exemple, dans un groupe composé d'individus se ressemblant, on peut s'attendre à ce que la communication soit plus simple. En effet, plus un groupe est uniforme et plus grandes sont les chances que les mots aient le même sens pour tous et que tous partagent le même bagage culturel.

De plus, un groupe uniforme tient de moins longues réunions que celles des groupes diversifiés, simplement parce que ses membres partagent le même point de vue, la même culture, le même sens de l'humour et la même vision des choses. Partageant souvent les mêmes champs d'intérêt, ils en viennent à développer un sentiment d'appartenance : les gens avec qui ils travaillent leur ressemblent ; ils sont des leurs.

C'est vraiment agréable de travailler avec des gens qui nous ressemblent. Pas besoin de s'expliquer ; on se comprend en quelques mots. Pas besoin de se demander si un collègue est mieux traité que soi. Tous ont les mêmes besoins et tous sont traités de la même manière.

De plus, pour les gestionnaires, c'est le paradis. Il suffit, pour être perçu comme un bon patron, de traiter tous les employés de façon égale. Et c'est très facile, puisqu'ils ont tous les mêmes besoins.

Mon père a travaillé dans un tel environnement. Entré à une usine de textile de Drummondville au début des années 50, il a travaillé pendant près de quarante ans dans un milieu caractérisé par **3 niveaux hiérarchiques** homogènes :

- **La haute direction.** Il s'agissait d'anglophones souvent unilingues. Cela ne constituait pas un problème réel, étant donné qu'ils ne parlaient jamais aux ouvriers. En ce sens, il n'y avait donc pas de barrière communicationnelle.

- **Les contremaîtres.** Ceux-ci devaient être bilingues pour être en mesure de transmettre les ordres aux ouvriers.

• **Les ouvriers.** Ces derniers étaient des hommes blancs, canadiens français unilingues, sans trop de scolarité, qui avaient à peu près le même âge, qui écoutaient les mêmes émissions de télé, qui buvaient à la même taverne et qui partageaient les mêmes ambitions.

Il était facile d'organiser le travail pour satisfaire ces ouvriers. Il suffisait de leur offrir une convention collective uniforme permettant de traiter tout le monde de manière égale pour que personne ne crie à l'injustice. Et comme tous n'étaient pas aussi productifs, il suffisait de contourner ce problème en récompensant l'ancienneté plutôt que la productivité. Le patron qui aurait alors offert un traitement de faveur à un employé aurait rapidement été ramené à l'ordre. Les accommodements, raisonnables ou pas, étaient proscrits.

VOUS PENSEZ QUE C'EST FINI, TOUT ÇA ?

Pas du tout. J'assistais, il y a trois ans, à une rencontre syndicale. Une personne s'approche du micro et propose que tout employé aveugle puisse avoir droit à une journée de congé payée les deux fois par année où son chien-guide doit visiter le vétérinaire. Tous semblaient d'accord, et j'étais bien content d'assister à cette assemblée.

Quelques instants plus tard, quatre ou cinq personnes se sont mises dans la file pour parler au micro. En des termes différents, chaque intervenant a également revendiqué ces mêmes journées de congé, voulant ainsi se prévaloir du même avantage auquel les aveugles auraient droit. Un homme est même allé jusqu'à dire : « S'il réclame une journée de congé parce qu'il a la "chance" d'avoir un chien d'aveugle, j'en veux une également ! »

En quelques minutes, la proposition était refusée. Tout le monde devait être traité de la même façon, sans égard aux différences, ont-ils conclu. C'est égalitaire, certes, mais est-ce équitable ? Voilà la question.

Cette façon d'organiser le travail allait fonctionner pendant des décennies mais, un beau matin, il fallut se rendre à l'évidence : l'ère de l'homogénéité au travail était terminée. Les équipes unicolores faisaient maintenant partie du passé.

Mais on n'est pas tous pareils !

Si *l'équipe uniforme* a pu exister pendant quelques décennies, et qu'on a structuré les organisations en supposant que les besoins de tous étaient égaux, force est de constater que ce concept est aujourd'hui dépassé. Voyons quelques différences que vous pouvez maintenant retrouver dans une même organisation, à un même échelon.

• *Le sexe.* Dans la majorité des organisations, hommes et femmes cohabitent maintenant et occupent les mêmes postes.

• *L'orientation sexuelle.* Pour certains, ces différences sont normales. Pour d'autres, il peut s'agir de comportements impies.

• *Les types psychologiques.* Il y a, par exemple, des gens introvertis et d'autres qui sont extravertis ; des gens qui font des choix en utilisant la pensée logique et d'autres qui prennent des décisions en écoutant leur instinct.

• *L'appartenance à une cohorte générationnelle.* Les besoins des membres de votre équipe ne sont évidemment pas les mêmes selon qu'ils ont 60, 40 ou 20 ans, et les références culturelles de chacune de ces tranches d'âge sont également différentes. Si vous venez d'une génération qui prisait les locutions latines, oubliez cela avec les 20 ans et moins. Vous passeriez pour un extraterrestre !

• *La religion.* Certains sont plus pratiquants que d'autres, tandis que les fêtes religieuses varient d'une religion à l'autre.

- *La langue.* Des 45 221 immigrants accueillis par le Québec en 2007, seulement 60,4 % connaissaient le français[1].

- *La culture.* Nous y reviendrons plus tard, mais il est facile de heurter les valeurs d'une personne issue d'une autre culture, même si vous ne le souhaitez pas. Ce qui vous paraît banal ne l'est pas nécessairement pour les autres.

- *La santé.* Les personnes malades ou à l'équilibre psychologique chancelant peuvent avoir des besoins spécifiques. Si vous ne satisfaites pas ces besoins, vous risquez de les perdre.

- *Les capacités physiques.* Tous n'ont pas la chance d'être en santé ou de vivre sans handicap. L'intégration d'une personne handicapée à une équipe de travail risque de provoquer quelques problèmes d'adaptation.

Et il y a d'autres différences possibles. Quelle belle macédoine ! L'heure n'est donc plus à l'homogénéité : l'heure est à la diversité. Il était réconfortant de gérer les équipes en se basant sur la convention collective ou sur la liste des politiques officielles, mais ce temps est révolu. L'époque peuplée de gestionnaires tire à sa fin. Le temps des leaders est arrivé. Et ceux-ci ont depuis longtemps compris que tous les individus sont différents.

Est-ce une catastrophe ? Cela pourrait l'être si vous ne vous impliquiez pas et si vous laissiez l'esprit de clan polluer vos équipes de travail. Votre entreprise pourrait même disparaître. Pourquoi ? Vous le découvrirez dans le prochain chapitre.

QU'EN EST-IL DE VOUS?

Qu'est-ce qui vous énerve chez les autres? Qu'est-ce qui vous fout en rogne? Qu'est-ce que vous craignez chez eux? J'aimerais que vous vous situiez sur le continuum suivant, en faisant un «X» à l'endroit où vous vous situez actuellement, entre le point A (Je regrette le bon vieux temps où tous les gens d'un même service se ressemblaient et avaient les mêmes besoins) et le point B (Ça m'excite de gérer une équipe diversifiée parce que je sais que ça me permettra d'aller plus loin. Vive les équipes multicolores!).

A _____ B

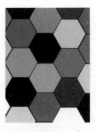

Chapitre 2

Parlons diversité

L'autre est différent, certes. Il ne s'agit pas de nier cette différence,
ou de prétendre l'oublier, mais d'en tirer parti.
Car la vie se nourrit de différences; l'uniformité mène à la mort.
Albert Jacquard

Commençons tout d'abord par nous entendre sur quelques définitions. Nous serons ainsi plus à même de décrire les comportements ou les perceptions des autres. Prenons le mot « diversité ». Selon la Charte de la diversité[2], il s'agit du caractère de ce qui est varié, divers. Appliquée à l'entreprise, la diversité désigne la variété des profils humains pouvant exister en son sein (la variété des origines, qu'il s'agisse du pays, de la région, du quartier, de certains patronymes, de la culture, de l'âge, du sexe, de l'apparence physique, du handicap, de l'orientation sexuelle, des diplômes, etc. La liste n'est pas exhaustive).

Pour les organisations, la diversité présente de nombreux avantages :

1. *Une plus grande capacité à faire face aux changements démographiques.* Au moment où j'écris ces lignes, on prévoit, par exemple, que dans la région de Montmagny, il y aura 35 000 départs à la retraite et 8 400 arrivées sur le marché du travail d'ici 18 mois. Un solde négatif de 26 600 employés ! Dans la MRC de La Jacques-Cartier, on parle d'un solde négatif de 12 000 pour la même période ! Et ce, dans une MRC où le taux de chômage actuel n'est que de 2,9 % ! Mais il y a pire : les nouveaux employés n'ont pas tous le même rapport au travail que ceux qu'ils sont appelés à remplacer : il faut, aujourd'hui, 1,3 nouvel employé pour remplacer un employé qui quitte son emploi. Il est évident que les prochaines années seront difficiles et que des entreprises disparaîtront si elles n'arrivent pas à relever ces défis.

   Les organisations qui s'ouvriront à la diversité sauront mieux faire face à la crise de la rareté du personnel, car elles pourront puiser dans un bassin de candidats ignorés par les autres employeurs. Par exemple, le taux de chômage des nouveaux arrivants est trois fois supérieurs à la moyenne québécoise. Pourtant, ces gens recherchent un emploi.

   N'allez pas croire que s'ils n'en ont pas encore, c'est parce qu'ils ne sont pas employables. Le ministère de l'Immigration et des Communautés culturelles nous annonçait récemment que, sur les 45 221 personnes accueillies en 2007, 60,4 % connaissent le français et 65,2 % cumulent plus de quatorze années de scolarité.

2. *Une meilleure capacité à satisfaire la clientèle.* La population québécoise est de plus en plus diversifiée, elle aussi. Or, qui est le mieux placé pour répondre à un membre d'une autre commu-

nauté culturelle sinon une personne issue de cette même communauté ? Rappelez-vous que les gens préfèrent traiter avec des gens qui leur ressemblent. La diversité peut vous doter d'un avantage concurrentiel que vous avez ignoré jusqu'à maintenant, d'autant plus que le Québec exporte beaucoup de produits. Vous avez donc intérêt à avoir, dans vos murs, des gens capables d'établir de bons rapports avec vos partenaires situés ailleurs dans le monde.

3. *Une meilleure performance dans la solution de problèmes.* La diversité permet le choc des idées, si bien que plusieurs points de vue sont mis de l'avant quand arrive le temps de régler un problème. Cette capacité à envisager plusieurs idées conduit plus sûrement à la solution optimale.

LA PENSÉE DE GROUPE (OU *GROUPTHINK*)

Connaissez-vous ce concept ? C'est un comportement des groupes très solidaires, privilégiant la cohésion du groupe aux dépens de l'organisation. Au sein de ces groupes, il est mal vu ou déconseillé de remettre en question l'opinion qui vient d'être émise par un collègue. On préfère prendre, en groupe, une mauvaise décision plutôt que faire valoir une position ou une idée s'éloignant de la majorité du groupe.

Ce phénomène se retrouve plus souvent dans les groupes homogènes. La diversité peut réduire les risques qui y sont associés.

4. *Une plus grande capacité à prendre sa place dans le monde.* On ne brasse pas des affaires en Asie comme on les brasse à Trois-Rivières. Il est facile de faire une erreur si on n'est pas conscient des valeurs et des coutumes de nos nouveaux clients ou fournisseurs. Une équipe diversifiée sera davantage en mesure de prévenir les bourdes.

Rappelez-vous, par exemple, le cas de ce constructeur automobile nord-américain qui a connu un échec en Amérique du Sud avec une voiture appelée « la Nova ». En espagnol, « Nova » signifie « qui n'avance pas » ! N'aurait-il pas mieux valu avoir un Sud-Américain dans l'équipe marketing ?

5. *Une plus grande capacité à se remettre en question.* Il arrive que certaines politiques ou certaines manières de faire deviennent tellement imbriquées dans le quotidien des membres d'une organisation qu'on continue de les suivre aveuglément, même quand elles ont perdu de leur pertinence. L'arrivée de personnes d'autres horizons permet alors de soulever des questions qui ne l'auraient pas été autrement. Pourquoi nos succursales bancaires ne seraient-elles pas ouvertes le samedi ? Pourquoi ne pas annoncer les offres d'emploi sur Internet ? Pourquoi ne pas diffuser nos livres en format numérique au lieu de continuer de faire comme avant ?

Ces questions peuvent en énerver certains, mais, parce qu'elles améliorent les chances de survie de plusieurs organisations, elles méritent d'être reçues avec gratitude et ouverture d'esprit.

Tous ces bénéfices devraient donner envie à n'importe quel gestionnaire de recourir à la diversité. Pourquoi alors n'est-ce pas le cas ? Je vous le donne en mille : la peur. Simplement. La peur de l'échec. La peur que des gens différents ne soient pas à la hauteur. La peur de devoir s'adapter, alors que, logiquement, ce sont eux qui devraient s'adapter à nous (nous reviendrons sur le sujet dans le chapitre portant sur les accommodements). La peur de voir se créer des clans opposés dans l'organisation. La peur de constater que ce nouvel arrivant est meilleur que soi. La peur de devoir quitter le confort de l'immobilisme si l'avènement de la diversité entraîne des remises en question.

Nous traiterons de la source de ces peurs dans le chapitre suivant. J'aimerais cependant terminer celui-ci en vous présentant l'outil essentiel à la création d'un milieu de travail où la diversité peut offrir tous les bénéfices présentés jusqu'ici.

LA TENTATION DE JOUER À L'AUTRUCHE

Plusieurs gestionnaires décident trop souvent de ne rien faire, en cultivant la pensée magique. Ils se disent qu'il y aura sûrement des gens qui cogneront à leur porte le jour où les plus vieux employés auront pris le chemin de la retraite. Ils se disent que personne n'osera quitter son poste tant qu'un remplaçant n'aura pas bien été formé. Ils se disent bien des choses...

Pendant ce temps, ils ne font rien. Ils restent passifs dans une sécurité factice, en espérant que le ciel ne leur tombera pas sur la tête.

L'ingrédient magique : un leadership inspiré

Il existe une différence énorme entre un simple gestionnaire et un leader. Le gestionnaire gère au quotidien ; le leader poursuit la création d'un avenir souhaitable pour tous. Le gestionnaire applique le règlement ; le leader gère l'ambiguïté. Le gestionnaire est craint ; le leader est suivi.

En tant que leader, vous pouvez avoir un impact énorme sur votre organisation quant à sa capacité à embrasser la diversité. Dans un premier temps, l'exemple doit venir de vous. Il ne doit pas y avoir de contradiction entre vos principes et vos gestes. Vous devez faire de la diversité une préoccupation quotidienne, et non pas un énoncé que vous sortez de temps à autre.

UNE PREMIÈRE QUESTION QUIZ

Répondez par vrai ou faux à l'énoncé suivant : *Dans mon organisation, tous ont les mêmes chances de succès, sans égard à leur âge, à leur provenance, à leur religion ou à quelque caractère distinctif que ce soit.*

Je ne crois pas que vous ayez besoin d'une grille de correction. Mais, juste au cas, je vous donnerai mon interprétation dans la conclusion.

Vous devez également vous débarrasser de cette peur dont nous venons de traiter. Pour ce faire, vous vous emploierez notamment à comprendre, au fil des prochains chapitres, ce qui se passe dans la tête des humains lorsqu'ils distinguent le « nous » et le « eux », vous initierez vos troupes au travail dans une équipe diversifiée et vous apprendrez à gérer une équipe en tenant compte des différences de chacun.

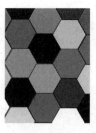

Chapitre 3

Les obstacles
à l'appréciation
de la diversité

Le sexisme, comme le racisme,
commence par la généralisation.
C'est-à-dire la bêtise.
Christiane Collange

Le directeur d'un hôpital me parlait de son entrée en poste dans un centre hospitalier situé dans une ville qui avait fait l'objet d'une fusion deux ans auparavant. Au bout d'une semaine, il regrettait déjà sa décision. Les employés étaient froids à son égard, on l'ignorait et rien ne semblait aller.

Au bout de dix jours, un membre du personnel avait voulu le rencontrer et lui avait demandé d'où il venait. « Je suis né ici, a-t-il répondu.

Mais dans quel arrondissement ?

L'arrondissement X.

Ah ! Tu es donc un des nôtres. Il fallait le dire. »

Dès lors, il a pu exercer efficacement son leadership auprès de ses employés. Il m'a confié que, s'il était né trois rues plus à l'ouest de la résidence de ses parents, on ne l'aurait jamais accepté...

L'homme préhistorique moderne

Que pensez-vous de ce qui précède ? Se pourrait-il que l'homme n'ait pas beaucoup évolué depuis la préhistoire ? Se pourrait-il que ce soit toujours NOUS contre EUX et qu'il ne soit pas possible d'entrer positivement en interaction avec l'AUTRE ? S'il est difficile d'être accepté quand on est né dans un autre arrondissement, imaginez quel serait le défi à relever si vous arriviez d'un autre pays ou si vous étiez issu d'une confession religieuse différente de celle de la majorité et que vous parliez une autre langue !

Il est temps de comprendre ce qui est à l'origine de tous ces mots en « isme » ou en « phobie » : racisme, âgisme, sexisme, homophobie, xénophobie, etc.

L'ÂGISME ?

Il s'agit d'une discrimination envers les personnes d'un certain âge. Par exemple, le 29 janvier 2002[3], Guy Chevrette, ministre des Transports, ministre délégué aux Affaires autochtones et ministre responsable de la Faune et des Parcs, ainsi que Jacques Brassard, ministre des Ressources naturelles et leader parlementaire du gouvernement, annonçaient leur démission parce que le premier ministre Bernard Landry, voulant rajeunir son équipe, avait choisi de leur enlever leurs ministères pour les offrir à de plus jeunes recrues.

Pendant la conférence de presse, monsieur Chevrette a dit : « Juste peut-être un petit complément de réponse. C'est très dangereux pour un parti de tomber dans l'âgisme. Je vous dis très honnêtement, ça fera sûrement réfléchir d'autres personnes, parce que tu peux avoir 60 ans puis être bourré d'idées ou encore plein d'énergie pour diriger une foule de dossiers. Ce n'est pas l'âge qui fait que tu es prêt à relever un défi, que tu as la capacité de relever un défi. J'espère que notre parti en tirera une leçon. Je le souhaite, en tout cas ; ce serait passablement déplorable qu'on sombre dans l'âgisme chaque fois qu'on en a l'occasion. »

Le cerveau humain est bombardé, chaque jour, par des dizaines de milliers d'informations, et il ne peut absolument pas tout traiter. Pour éviter la surchauffe cognitive, il a évolué en développant la capacité de ne percevoir que ce qui lui paraît important. C'est ainsi que, si vous lisez le journal, vous ne verrez pas la moitié des publicités qui s'y trouvent. Cependant, si vous êtes présentement à la recherche d'une nouvelle voiture, toutes les publicités des concessionnaires vous sauteront au visage. C'est que vous filtrez l'information. Cette notion est importante, car vos filtres mentaux ont, en grande partie, été façonnés par votre environnement. Nous y reviendrons.

Pour vous faciliter la tâche, votre cerveau a également appris à généraliser. Il place tout ce que vous voyez dans des petites boîtes ; il compartimente l'information. Ainsi, à condition que vous en ayez déjà vu un, si vous apercevez un quadrupède couvert de poils qui miaule, vous supposerez d'emblée qu'il s'agit d'un chat.

Même si ces deux mécanismes vous simplifient la vie, ils ne vous rendent pas toujours service, car il est possible que le message communiqué par une généralisation ne soit pas valide. Faisons le test. Voici une série d'énoncés basés sur des généralisations sans fondement. Inscrivez vrai ou faux pour chacun.

1. Les femmes sont plus émotives que les hommes. _____

2. Les homosexuels ont plus de goût en décoration. _____

3. Les Arabes sont sournois. Il faut se méfier d'eux. _____

4. Les jeunes ne sont pas fiables. Si un jeune n'a
   pas envie de travailler un matin, il ne se présente
   tout simplement pas au travail. _____

5. Les Asiatiques ont des problèmes de jeu.
   Faites attention si vous en embauchez un. _____

6. Les vieux apprennent très lentement. _____

7. Les Juifs sont pingres et cherchent constamment
   à prendre avantage sur les autres. _____

8. Les Français sont râleurs. Ils ne sont jamais contents. _____

9. Les Noirs sont moins vaillants. Ce n'est pas
   leur faute : c'est dans leurs gènes. _____

10. Les clients n'aiment pas être servis par quelqu'un
    qui n'est pas né ici. _____

Vous avez répondu ? Sachez que vous ne pouviez pas répondre vrai
à un seul de ces énoncés. Il y a des femmes qui sont redoutables en
négociation parce qu'elles recourent constamment à la pensée logique au lieu de privilégier l'émotion. Il y a des homosexuels pour-
ris en décoration. Rien ne nous autorise à affirmer légitimement
que les Arabes sont plus ou moins fiables que, par exemple, les Français ou les Canadiens catholiques. Les jeunes sont fiables si on sait
les prendre. Aucune étude reconnue ne nous permet, à ce jour, d'af-

firmer que les Asiatiques ont, plus que d'autres peuples, des problèmes de jeu. Plusieurs personnes âgées n'ont rien perdu de leur faculté d'apprentissage. Il y a des Juifs philanthropes, et certains bouddhistes sont misanthropes et avares. Je connais plusieurs Français qui ne sont pas râleurs. Une majorité de Noirs... et de Blancs sont très vaillants, et plusieurs clients aiment entrer en contact avec des gens ayant d'autres origines que les leurs.

De plus, je suis persuadé que vous connaissez de bons Québécois d'origine qui présentent les travers que ces énoncés attribuent à certains groupes ethniques. En entretenant des préjugés contre certains groupes de personnes, vous créez une distance entre eux et vous, distance qui vous prive de tout ce qu'ils pourraient vous offrir. Revenons un instant sur Terre et demandons-nous d'où proviennent ces préjugés, ces stéréotypes.

L'ENTRETIEN DES PRÉJUGÉS

Le pire, c'est qu'à cause justement de votre perception sélective, vous avez tendance à ne percevoir que les événements venant confirmer les généralisations hâtives que vous faites. Par exemple, si vous entretenez le préjugé que les jeunes ne sont pas fiables, vous ferez un grand cas de ce jeune employé qui ne s'est pas présenté au travail ce matin. Vous passerez outre au fait que les six autres sont arrivés à l'heure, prêts à faire une bonne journée de travail.

Les préjugés ont tendance à s'autoentretenir. C'est un fait, tant chez vous que chez tous vos employés. Peut-on y mettre un terme ? Oui.

Le processus de socialisation

Je vous ai déjà parlé de mon premier voyage en Ontario et de l'inquiétude que je ressentais à l'idée que j'entrais alors en «territoire ennemi». En ce sens, le terreau dans lequel vous avez grandi, votre environnement, aura un impact certain sur le genre de préjugés que vous entretiendrez (ou que vous n'entretiendrez pas) à l'âge adulte.

La première influence, c'est évidemment la *famille*. Pendant les sept premières années de votre vie, c'est dans votre famille que vous commencez à construire votre filtre perceptuel. Les affirmations suivantes vous rappelleront ce que vos parents vous ont inculqué ou pas.

- La place d'une femme, c'est à la maison. C'est à l'homme de jouer les pourvoyeurs.

- Il y a des métiers faits pour les hommes et d'autres qui sont faits pour les femmes.

- Même si tu ne comprends pas pourquoi, retiens que les personnes âgées ont raison.

- Les immigrants volent nos *jobs*.

- Une femme qui n'est pas voilée est une impure.

- Ne fais jamais confiance à un _____(mettez le terme que vous souhaitez ici).

- C'est juste une «grosse tapette». Tiens-toi loin de lui. Tu pourrais devenir «fif» toi aussi.

La deuxième influence vient des *médias*. Constamment à l'affût de nouvelles qui attireront les spectateurs, les journalistes n'hésitent pas, surtout durant les périodes où il ne se passe pas grand-chose, à monter en épingle le moindre fait divers. Pour ne pas être en reste, les commentateurs médiatisés n'hésitent pas à faire de même afin de conserver leur statut de star à grande gueule.

Le 11 mars 2007, un groupe de musulmans, après le repas, s'age-nouillaient dans la salle de danse d'une érablière pour faire la prière. Un client choqué et insulté a attisé l'intérêt des médias. En moins d'une semaine, les commentateurs se demandaient si les Québécois devaient dorénavant se passer de porc dans la soupe aux pois.

Le cinéma a également un impact sur la vision que vous avez du monde. Quel profil ont généralement les méchants au cinéma ? Quel est le niveau d'intelligence des blondes ?

La troisième influence, c'est le *système d'éducation*. Par exemple, j'avais sept ans quand on m'a appris que les Iroquois avaient l'ha-bitude d'attacher les missionnaires, de les scalper, de leur poser au-tour du torse un collier de haches rougies dans le feu, puis de leur couper la langue avant de leur arracher le cœur. Quelle belle ini-tiation au multiculturalisme ! Pour les enfants, les professeurs sont des figures d'autorité et ce qu'ils disent doit nécessairement être vrai. Le problème, c'est que leurs propos contiennent également des préjugés et qu'ils les transmettent efficacement...

Les programmes scolaires vous influencent grandement tout au long de votre vie, notamment le regard que vous portez sur les autres. En ce sens, ils constituent, pour une bonne part, le prisme au travers du-quel vous percevez le monde. Plusieurs se rappelleront les programmes scolaires où les garçons jouaient nécessairement aux cow-boys et les filles, à la poupée. Ceux-là ont souvent grandi en se cantonnant dans des rôles qui leur avaient été inculqués dès l'enfance.

La quatrième influence, c'est *votre groupe d'amis*. Dès l'adolescence, le fait d'être accepté par un groupe devient super important et, pour ce faire, quoi de mieux que d'accepter les valeurs des autres, sans égard à leur validité ? Une fois adulte, le rituel se perpétue. Un collègue vous dit, en vous en montrant un autre, qu'il hait les nègres ou que les jeunes sont tous des traîne-savates, et vous, pour ne pas perdre son amitié (ou ce que vous prenez pour une amitié), vous vous contentez d'opiner du bonnet... Vous avez alors plié l'échine.

La cinquième source d'influence, ce sont ces *incidents majeurs* qui ont parsemé votre vie. J'ai, par exemple, une amie qui, à 17 ans, a été violée par un groupe de Noirs, en Haïti. Imaginez alors comment elle perçoit les Noirs aujourd'hui. J'ai une autre amie qui a travaillé pour un mauvais patron juif alors qu'elle était aux études. Si vous entendiez ce qu'elle dit des Juifs aujourd'hui... C'est dire à quel point ces événements majeurs colorent votre vision de manière indélébile.

Puis, il y a la sixième source d'influence, celle des *politiciens ou des personnalités publiques* en manque d'électorat ou en manque de visibilité. Ceux qui sont prêts à dire n'importe quoi pour s'attirer la faveur populaire ou passer à la télé. Ceux qui annonceront un matin que le crucifix doit être retiré de l'Assemblée nationale pour ensuite affirmer, un mois plus tard, qu'il est là pour rester. Ceux qui adoptent un code de vie pour se faire voir à la télé. Ceux qui disent n'importe quoi mais dont les propos sont malgré tout rapportés dans les médias, du fait de leur statut social.

Six contaminants de vos filtres perceptuels. Six sources d'influence qui ont, en grande partie, fait de vous ce que vous êtes aujourd'hui ; vous les portez en vous. Ils influencent votre perception du monde et, ce faisant, vos agissements et vos relations.

UN PEU D'INTROSPECTION

Ne poursuivez pas votre lecture avant de vous questionner quant à l'impact que ces influences ont eu sur vous. Elles déterminent en grande partie la manière dont vous réagissez (ou comment vous ne réagissez pas) lorsque quelqu'un est traité injustement dans votre organisation. Elles conditionnent également les chances de promotion des gens que vous dirigez («Je ne pouvais tout de même pas lui offrir cette promotion : c'est une femme, et le poste exige un minimum d'équilibre en situation de crise.») et le degré d'autonomie que vous accordez aux gens de votre entourage («Je ne peux tout de même pas le laisser fermer le magasin. S'il fallait qu'il parte avec le contenu du tiroir-caisse.»).

Mais s'ils avaient raison...

C'est vrai que les fous existent. C'est vrai que les extrémistes existent. C'est vrai que toutes les personnes que vous rencontrez dans une journée pourraient potentiellement être dangereuses pour vous, et ce, peu importe leur sexe, leur orientation sexuelle, leur âge, leur religion ou leur culture. Il peut vous sembler normal de vous méfier de chaque personne que vous rencontrez.

Mais pourquoi vivre sur le «pilote automatique» et vous laisser mener par la crainte ou la méfiance ? Chaque rencontre vous offre ce choix : vous pouvez faire confiance à l'autre ou alors vous en méfier.

Les modèles mathématiques tendent cependant à démontrer que vous vous en sortirez gagnant à long terme si vous choisissez, chaque fois que vous entrez en contact avec un individu, de lui faire confiance d'entrée de jeu. Donnez la chance au coureur. Libre à lui, par la suite, de faire la preuve qu'il mérite ou ne mérite pas votre confiance.

Cela vaut tout autant pour les gens qui vous ressemblent que pour les gens qui sont différents. Les premiers ne constituent pas moins une menace ou un inconvénient que les deuxièmes. Et voici un secret pour vous, tiré de *Faites votre C.H.A.N.C.E.*[4] : si vous abordez les gens en supposant qu'ils seront bienveillants à votre égard, vous faites grandir les chances qu'ils le soient.

En effet, en matière de ressources humaines, on obtient généralement ce à quoi on s'attend. Si vous vous attendez au meilleur, vous l'obtiendrez généralement, et si vous vous attendez au pire, il est probable que c'est ce que vous récolterez. Vos attentes influent sur votre attitude, sur votre relation avec l'autre et sur la mobilisation de ce dernier.

Il en va de même de tous vos superviseurs. Savez-vous que 50 % du lien d'attachement de vos employés envers leur organisation est attribuable à la qualité de leur relation avec leur supérieur immédiat ? Si vous ouvrez votre organisation à la diversité, leur attitude envers celle-ci est donc primordiale. Vous devrez ainsi éviter que l'un d'eux contamine les autres par des propos racistes ou autres. En ce sens, une bonne formation portant sur l'appréciation de la diversité individuelle peut s'avérer de mise. Cette formation devrait même être offerte avant les autres formations à l'intention des employés. Nous traiterons de formation en annexe.

Cependant, il faut avouer que s'il est si difficile de nous libérer de nos préjugés, c'est parce que ceux-ci semblent nous apporter des avantages. Que gagnons-nous (de manière illusoire) à entretenir des préjugés à l'égard des gens qui ne nous ressemblent pas ? Voici quelques exemples :

- *Il semblerait que les préjugés diminuent notre sentiment de culpabilité.* Les peuples qui ont commis des atrocités envers d'autres populations parviennent à réduire leur sentiment de culpabilité en entretenant le sentiment que ces populations sont barbares, arriérées ou quoi que ce soit qui puisse justifier ce qui leur est arrivé. Dans ce cas-ci, la transmission des préjugés protège l'estime personnelle de toute la population, mais elle l'empêche de se remettre en question.

- *Les préjugés nous protègent d'un sentiment d'infériorité.* Lorsqu'on se sent inférieur à un autre groupe en ce qui a trait à une ou plusieurs dimensions, il semblerait qu'il soit plus facile de préserver sa dignité en trouvant des failles, des défauts aux membres de cet autre groupe. Pendant ce temps, cependant, on évite de se demander quoi faire pour devenir meilleur.

- *Les préjugés peuvent réduire nos pertes.* Saviez-vous que, sous l'Empire romain, il y avait davantage de chrétiens abandonnés aux lions en période de disette ? Saviez-vous qu'en pleine dépression, il était plus facile pour Hitler de monter une population entière contre les Juifs ? Quand les ressources se font plus rares, cela soulage la conscience d'avoir quelques raisons de se les arroger, que ces raisons soient justifiées ou pas. Cela nous éloigne cependant de nos idéaux en matière de justice.

- *Les préjugés nous aident à panser nos plaies.* Supposons que vous ayez espéré une promotion, mais que le poste ait finalement été offert à un Vietnamien. Il peut être intéressant, pour compenser votre déception, de lancer à la ronde que les dés étaient pipés, que le programme de discrimination positive a interféré, que vous étiez le plus compétent, mais que c'est finalement « l'immigré » qui a eu le poste. Ces déclarations, fondées ou pas, vous aideront à sauver votre honneur. Elles vous empêcheront toutefois de vous demander ce que vous pourriez faire ou améliorer, la prochaine fois, pour obtenir le poste.

• *Les préjugés excusent nos comportements.* La rationalisation entre en jeu, ici. Il est facile de justifier que cet employé n'a pas eu la promotion même s'il était plus qualifié, et ce, en invoquant que « les hispanos gèrent moins bien leurs émotions » ou que « les femmes ne peuvent pas subir autant de stress ». Des affirmations de ce genre nous évitent d'avouer nos préférences.

• *Les préjugés protègent nos valeurs et nos coutumes.* Dès qu'une personne qui ne partage pas nos us et coutumes se présente, nous nous sentons menacés parce que nous supposons que c'est peut-être nous qui avons tort. Heureusement, les préjugés nous aident à réduire la crédibilité de l'Autre, ce qui nous évite de nous remettre en question.

Ces bénéfices sont illusoires, mais tant que vous entretiendrez ces illusions, vous aurez de la difficulté à vous ouvrir à la diversité humaine. Mais n'allez pas croire que tous les gens coupables de discrimination sont nécessairement méchants. Certains discriminent même l'Autre par gentillesse. Ils parleront plus lentement aux gens affichant une autre couleur de peau — pour être certains qu'ils comprennent — ; ils offriront à leur collègue homosexuel de refaire la décoration du bureau (« Ils sont tellement bons là-dedans ! ») et ils offriront des défis moins difficiles aux gens différents, pour qu'ils n'échouent pas (« Ça leur ferait de la peine. »). Ces comportements, aussi gentils soient-ils, sont aussi insultants que les blagues ethniques. Elles n'ont pas leur place dans les entreprises du XXIe siècle.

Les impacts du laisser-faire

Que se passe-t-il quand vous vous laissez mener par des préjugés ou quand vous laissez les membres de votre équipe les colporter, les entretenir ou les renforcer ? Vous mettez alors en branle un mécanisme qui mènera inévitablement à la dislocation de l'esprit d'équipe. Vous permettez que s'installent dans vos murs les agissements suivants :

1. *Les blagues offensantes.* Connaissez-vous celle du catholique, du musulman et du juif qui périssent dans un accident d'avion et qui se retrouvent devant saint Pierre, aux portes du paradis ? Ou celle de l'hétéro et de l'homosexuel qui se retrouvent dans la jungle, entourés de cannibales ? Dans ce genre de blagues, c'est habituellement le groupe majoritaire qui se voit confier le beau rôle. Les autres groupes se voient plutôt balancer des grossièretés, et même s'ils font semblant de trouver la blague bien drôle, elle les heurte à coup sûr.

2. *L'envie et le sentiment d'iniquité.* Cela survient lorsque, par exemple, un gestionnaire s'adapte à un employé en modifiant l'horaire de ce dernier afin de lui permettre de se rendre à la mosquée avant le travail. Bien que cet employé ne soit pas payé pour le temps où il n'est pas là, si la décision du gestionnaire n'est pas claire ou est mal divulguée, certains auront l'impression qu'on leur enlève quelque chose.

UNE DEUXIÈME QUESTION QUIZ

Répondez par vrai ou faux à l'énoncé suivant : *Dans mon organisation, quand nous créons une équipe de travail, nous tâchons d'y intégrer des gens ayant des profils différents. Il n'est pas question de privilégier un seul point de vue.*

3. *L'intolérance.* L'envie et le sentiment d'iniquité mènent inévitablement à l'intolérance. On en vient à détester les membres de tel groupe parce qu'on a l'impression qu'ils sont gâtés, qu'on leur fait des passe-droits et qu'ils en profitent parce que la main-d'œuvre est rare. Au fil du temps, on en vient à se sentir agressé chaque fois qu'une différence ou une faveur apparente est évoquée. Cela peut mener à des altercations débutant souvent par une tirade marquée par l'exaspération : « On sait bien, vous autres... »

4. *La formation de cliques.* L'absence de communication et le ressentiment s'installant progressivement, il est normal que, rapidement, les gens en arrivent à se tenir en groupes homogènes et que les communications avec les autres deviennent, sinon belliqueuses, du moins très difficiles. On s'amuse alors à parler des autres en des termes peu élogieux, à mettre leurs erreurs en lumière, à parler d'eux en utilisant des quolibets peu flatteurs ou en les cantonnant carrément dans le clan des ennemis. Certains iront même jusqu'à saboter le travail des autres pour leur donner le mauvais rôle et pouvoir ainsi clamer qu'ils avaient raison de penser que ceux-ci n'étaient pas à la hauteur.

5. *L'incapacité à s'ouvrir à l'autre.* À ce stade, les ponts sont rompus. Les cliques restent campées sur leurs positions, et la moindre tentative de la direction d'offrir, par exemple, une formation sur la diversité sera perçue comme une attaque visant à miner l'identité de chacun.

Quels sont alors les impacts de ces cinq agissements sur le climat de travail et sur la performance de l'organisation ? Le moral est au plus bas. Il y a peu de collaboration entre les clans, ce qui nuit à la productivité et à la capacité d'innovation. Chaque groupe protège ses arrières, sans penser aux conséquences pour l'organisation.

Cela n'est pas sans nuire à une bonne gestion des ressources humaines. Il devient alors de plus en plus difficile de retenir les meilleurs employés, c'est-à-dire ceux qui connaissent leur valeur et qui savent qu'ils méritent un milieu de travail où il fait bon vivre. Et, la rumeur aidant, il n'est pas rare que l'image de l'organisation en souffre et que le recrutement devienne plus difficile.

De plus, les clients perçoivent que le climat de travail de votre organisation est pourri : les gens qui les servent sont moins enthousiastes, moins certains qu'ils pourront les satisfaire. Il arrive fréquemment que ces clients choisissent de changer de fournisseur.

Comment éviter d'être pris dans un tel engrenage ? Avant de nous attaquer à ce défi, il nous reste à comprendre comment se développe la culture d'un groupe de gens et quels impacts cette culture aura sur leurs agissements quotidiens. Ce sera le thème du prochain chapitre.

UNE TROISIÈME QUESTION QUIZ

Répondez par vrai ou faux à l'énoncé suivant : *Dans mon organisation, les gens s'excusent quand ils réalisent avoir heurté quelqu'un par des commentaires irrespectueux. S'ils ne le font pas, quelqu'un le leur suggère.*

Chapitre 4

Parlons culture

La véritable culture, celle qui est utile, est toujours une synthèse entre le
savoir accumulé et l'inlassable observation de la vie.
Francesco Alberoni, *Vie publique et vie privée (1988)*

Il est probable qu'il vous soit régulièrement arrivé, depuis le début de votre lecture, de reconnaître des gens et des comportements. Vous vous êtes peut-être même dit que vous devrez agir promptement afin de régler une situation problématique.

Prenez garde. La première personne à «analyser» si vous faites en sorte que votre organisation soit un milieu de travail ouvert à la diversité, c'est vous. Vous ne pourrez pas intervenir efficacement si vous n'avez pas conscience de vos attitudes et préjugés. Il vous faut également prendre conscience de votre culture et des valeurs qui vous animent. C'est ce à quoi nous nous appliquerons dans ce chapitre.

VOUS AVEZ DÉJÀ COMMENCÉ VOTRE DÉMARCHE

Remarquez que vous avez déjà amorcé votre introspection au chapitre précédent quand je vous ai demandé d'évaluer comment votre environnement avait peu à peu défini le filtre à travers lequel vous percevez les gens qui vous entourent. Nous ne faisons ici que continuer notre démarche.

Je sais que ce n'est pas facile. Tout comme le poisson qui n'est pas conscient de vivre dans l'eau, vous n'êtes pas vraiment conscient de la personne que vous êtes.

Qu'est-ce qu'une valeur ?

Dans un sens large, les valeurs sont l'ensemble des principes directeurs de votre vie. Ce sont les règles du jeu que vous suivez pour réaliser vos rêves. Il existe deux types de valeurs[5] : *les valeurs terminales* et les *valeurs instrumentales*. Les premières constituent ce que vous souhaitez réaliser ; les autres, les moyens que vous accepterez d'utiliser pour ce faire.

L'encadré suivant présente quelques valeurs terminales. Cette liste est loin d'être exhaustive, mais j'aimerais, avant que vous ne continuiez votre lecture, que vous classiez celles-ci par ordre de priorité. Accordez une note de 1 à 10 à chacune d'elles, en attribuant la note « 1 » à la plus importante et « 10 » à la moins importante. De quoi serez-vous le plus fier sur votre lit de mort ?

LES VALEURS TERMINALES

La richesse   ____

Une vie excitante   ____

La justice   ____

L'indépendance   _____

L'admiration des autres   _____

Le bonheur   _____

La sagesse   _____

L'amour   _____

La paix intérieure   _____

L'amitié   _____

Pas facile, n'est-ce pas ? Parions que, si vous compariez vos réponses avec celles de vos collègues et employés, le classement de certains vous surprendrait. Toutes ces valeurs terminales sont enviables, mais quand arrive le temps de prendre une décision, ce sont celles qu'on considère prioritaires qui ont le plus d'impact. Le simple fait de connaître les valeurs terminales des autres nous rend plus efficaces en société. Mais ce n'est là qu'une pièce du casse-tête. Il est possible que vous partagiez les mêmes valeurs terminales avec une autre personne, mais que vous ne vous entendiez pas du tout sur les moyens à prendre pour les mettre en pratique. Imaginez que vous et un collègue partagez la même valeur : la richesse. Théoriquement, vous êtes tous deux en phase l'un avec l'autre, mais imaginez qu'il compte y arriver en fraudant le fisc, alors que vous aimeriez atteindre le même résultat en travaillant fort et en étant meilleur que vos concurrents. Vous êtes en accord en ce qui a trait aux valeurs terminales, pourtant vous avez de profondes divergences de vue. Un conflit risque même d'éclater.

C'est ici que les valeurs instrumentales entrent en jeu. Elles ont trait aux moyens auxquels vous êtes prêt à recourir pour atteindre vos objectifs.

Faisons le test. Reportez dans l'encadré ci-dessous la valeur terminale la plus importante que vous avez déterminée, il y a quelques
instants. Encore une fois, placez par ordre d'importance les moyens
que vous aimeriez utiliser pour la réaliser (« 1 » étant le choix qui
vous semble le plus évident, « 15 » étant celui qui vous paraît le
moins évident).

**Ma valeur terminale
la plus importante** _____

LES VALEURS INSTRUMENTALES	
La logique	___
Le sens des responsabilités	___
La politesse	___
Le contrôle de soi	___
L'obéissance	___
L'ambition	___
La foi	___
La joie de vivre	___
Le courage	___
L'ouverture d'esprit	___
L'indépendance	___
L'imagination	___
L'honnêteté	___
La créativité	___
L'amour	___

Ce n'est pas plus facile, n'est-ce pas ? Les différences quant aux valeurs instrumentales sont à la source de nombreux conflits. Un fait est cependant indéniable : vous êtes qui vous êtes, et il y a peu de chances que vous changiez maintenant et que vous arriviez à changer les autres. Au mieux, parce que vous êtes un gestionnaire, vous arrivez à modifier les comportements.

Mais qu'est-ce qui fait qu'au fil de votre vie, vous privilégierez telles valeurs terminales et telles valeurs instrumentales ? C'est ici que nous devons nous questionner sur votre culture.

La culture est à l'être humain ce que le système d'exploitation est à l'ordinateur. Il en existe de nombreuses définitions. Pour l'UNESCO, par exemple, la culture, dans son sens le plus large, est considérée comme l'ensemble des traits distinctifs, spirituels et matériels, intellectuels et affectifs, qui caractérisent une société, un groupe social ou un individu[6]. Je préfère cependant la définition de Fons Trompenaars et Charles Hampden-Turner pour qui la culture est simplement la manière dont une société ou un groupe social apprend à faire face aux difficultés.

UNE BLAGUE POUR ILLUSTRER CETTE DÉFINITION

Une dame décide de cuisiner un rôti pour le souper. Elle le sort du frigo, le déballe, en coupe les deux extrémités puis le met au four. Son conjoint, qui la regarde faire, lui pose alors une question qui le turlupine depuis des années : « Chérie, peux-tu me dire pourquoi tu coupes toujours les extrémités d'un rôti avant de le faire cuire ? »

La dame ne sait que répondre sinon que sa mère a toujours fait cela. Elle appelle sa mère qui lui dit qu'elle ignore pourquoi, que sa propre mère lui a enseigné la cuisson d'un rôti de cette manière. La petite-fille appelle donc sa grand-mère au CHSLD pour lui poser la question.

La grand-mère répond : « Pourquoi j'ai toujours coupé les extrémités de mon rôti avant de le faire cuire ? Tout simplement parce que mon chaudron était trop petit pour le recevoir au complet... »

Une génération avait réglé un problème et la solution avait été transmise aux autres générations. Une particularité culturelle, familiale celle-là, était née. Un problème réglé cesse de nous préoccuper, mais sa solution fait dorénavant partie de notre culture.

Les spécialistes ne s'entendent pas sur le nombre de dimensions que comporte une culture ; certains disent 25, d'autres 5 et d'autres 7. Pour les fins de ce chapitre, je résumerai le modèle de Trompenaars et Hampden-Turner en vous présentant préalablement sept dimensions ou, si vous préférez, sept continuums. Les cinq premières dimensions portent sur la manière dont les gens se comportent entre eux, la sixième a rapport au temps et la septième porte sur la relation d'une culture donnée avec l'environnement. En fin de chapitre, je présenterai deux autres dimensions issues des recherches de Geert Hofstede. À ma connaissance, il est le seul qui, spécifiquement, a analysé la culture québécoise, au lieu de supposer que tous les Canadiens partageaient la même culture. Nous nous retrouverons donc avec **9 continuums** :

1. universaliste ou particulariste

2. individualisme ou collectivisme

3. émotion ou raison

4. vie publique ou privée

5. respect mérité ou attribué

6. court terme ou long terme

7. contrôle interne ou externe

8. société féminine ou masculine

9. près ou loin du pouvoir

N'allez pas vous imaginer que, pour chaque continuum, il y a une bonne et une mauvaise option. Toutes les options sont bonnes, et tous les choix des sociétés ont été faits parce qu'un problème devait être réglé.

UNE QUATRIÈME QUESTION QUIZ

Répondez par vrai ou faux à l'énoncé suivant : *Dans notre organisation, nous nous attendons à ce que les employés offrent le meilleur d'eux-mêmes. Il n'est pas question de réduire nos attentes par rapport à quelqu'un, sous prétexte qu'il est « différent » des autres.*

Le premier continuum : universaliste ou particulariste ?

Êtes-vous du genre à accorder des passe-droits aux gens que vous appréciez ? Vous en tenez-vous plutôt aux politiques officielles quand arrive le moment de prendre une décision ? Ou, si vous préférez, imaginez que vous ayez un poste à pourvoir et qu'un de vos employés vienne vous suggérer d'engager son fils. Ce dernier aurait-il un traitement de faveur ou devrait-il s'adresser au Service des ressources humaines et remplir une demande d'emploi comme les autres ? En d'autres termes, vous adaptez-vous à la situation ou avez-vous un grand manuel de procédures que vous appliquez à la lettre au moment de faire un choix ?

L'*universalisme* consiste à appliquer les mêmes règles envers tout le monde, car agir autrement serait considéré comme arbitraire, injuste. Dans une société universaliste, les règles passent avant les relations.

Le *particularisme* consiste à donner préséance à la relation. Dans une société particulariste, les gens n'auront donc pas tous le même traitement. Certaines entreprises familiales sont particularistes : les membres de la famille reçoivent un meilleur traitement que les autres employés, sans égard à leurs performances réelles.

Vous rappelez-vous cette assemblée où on se demandait si les personnes non voyantes pourraient avoir congé quand leur chien-guide serait chez le vétérinaire ? Si la mesure avait été acceptée sans qu'on accorde nécessairement le même nombre de congés à tous les autres employés, la décision aurait été particulariste. En rejetant la mesure sous prétexte que c'était injuste pour ceux qui n'étaient pas aveugles, on donnait dans l'universalisme.

UNE ÉTUDE DE CAS :
CAROLINE EST-ELLE UNE MAUVAISE GESTIONNAIRE ?

Depuis plusieurs semaines, le rendement de Rachel est à la baisse. Elle conclut moins de ventes et elle prend souvent congé. Malgré cela, Caroline ne la confronte pas.

Questionnée à ce sujet par son propre supérieur, Caroline répond : « Ce n'est pas le temps de l'accabler davantage : ce n'est pas facile de passer à travers un divorce. Laissons-lui le temps de rebondir. Je suis persuadée que son rendement s'améliorera par la suite. »

Caroline est-elle une bonne gestionnaire ? Dans un premier temps, répondez selon ce que vous pensez. Dans un deuxième temps, répondez comme si vous étiez issu d'une société universaliste, puis répondez comme si vous aviez grandi dans une société particulariste.

Pour les universalistes, contrevenir une seule fois à une règle pourrait mettre le système entier en péril. Ainsi, s'il est prescrit qu'après trois retards, vous devez être mis à la porte, vous le serez, même si vous avez tout fait pour arriver à l'heure. Le patron universaliste se dit que s'il vous accorde un passe-droit, tout le monde se mettra ensuite à arriver en retard.

Pour les particularistes, le respect des règles est également important, mais cela ne s'applique pas en cas de circonstances particulières. Par exemple, si telle personne est mon frère, une bonne amie ou la cousine de mon amie, elle mérite d'être traitée à part. Toutefois, protégeriez-vous un ami qui se sert à l'occasion dans l'entrepôt ? Certains particularistes le feront.

Quand arrive le moment de sceller une entente, les universalistes voudront un contrat prévoyant tous les cas de figure, tandis que les particularistes miseront plutôt sur une poignée de main. Pour ces derniers, en fait, le contrat n'est qu'une entente préliminaire ; ils supposent qu'il sera possible d'en modifier les clauses si de nouvelles circonstances se présentent.

De même, lorsqu'ils font affaire avec une entreprise, les particularistes ne traitent qu'avec LA personne qui gère leur compte ; si bien que si cette dernière est remplacée, cela compromet leur lien d'affaires. Il en va de même avec le lien professionnel : les particularistes sont fidèles à leur patron, tandis que les universalistes vendent leur temps contre un salaire et des avantages sociaux, exclusivement.

Où se situe le Québec sur ce continuum ? Je n'ai malheureusement pas de données propres au Québec, mais je dirais que, par rapport aux autres Canadiens, nous sommes plus universalistes. Pensons, par exemple, aux services de garde qui ne tiennent pas compte des horaires atypiques : si vous voulez une place en CPE, travaillez du lundi au vendredi, de 9 h à 5 h... De même, nous sommes les seuls qui déménagent tous le même jour.

Selon Trompenaars, sur une échelle de 100 (0 représentant le modèle particulariste absolu et 100 le modèle universaliste absolu), la Russie serait à 20, l'Égypte à 36, l'Inde à 53, la Chine et les États-Unis à 57, l'Espagne à 61, le Canada à 66 et la Finlande à 68.

En situation de conflit impliquant des personnes opposées sur ce continuum, le particulariste aura tendance à traiter l'universaliste d'ayatollah, tandis que l'universaliste qualifiera l'autre de « moumoune ». C'est comme le super extraverti qui trouve l'introverti renfermé, et le super introverti qui estime que l'extraverti est envahissant. Ainsi, il faut apprendre à se connaître, à se comprendre, puis s'adapter.

Si votre organisation est universaliste, elle sera bientôt attaquée sur deux fronts : le front générationnel et le front interculturel. Sachez que les membres des nouvelles générations sont conscients de leur valeur et qu'ils estiment tout à fait normal que ceux qui produisent davantage gagnent plus. Concernant l'aspect interculturel, certains immigrants vous trouveront sans-cœur si vous agissez *by the book*, en suivant religieusement les règlements. Alors que, il y a quarante ans de cela, il constituait un avantage concurrentiel, l'universalisme à tout crin est aujourd'hui délaissé au Québec. Dorénavant, le mot « équité » ne rime plus avec le mot « égalité ».

Peut-on faire en sorte que les universalistes et les particularistes puissent travailler ensemble sans se tomber sur les nerfs ? Oui. Il faut d'abord leur apprendre les tenants de ce continuum, puis leur faire réaliser que chaque extrémité de celui-ci peut être dommageable pour l'organisation. Porté à l'extrême, l'universalisme mène à un monde bureaucratique rigide, incapable de changer, tandis que le particularisme mène au chaos. Mais ensemble, en équilibre, ils peuvent mettre de l'ordre dans un monde en constante mutation.

Le deuxième continuum : individualisme ou collectivisme ?

Imaginez que vous ayez à choisir parmi deux solutions possibles à un problème. La première solution correspond aux intérêts de votre organisation, mais elle vous désavantage personnellement. La deuxième sert vos intérêts et vous rapproche de vos objectifs de carrière. De quel côté pencherez-vous ? Qu'est-ce qui est le plus important pour réussir dans votre organisation : l'esprit de coopération ou l'esprit de compétition ? Quel pronom revient le plus fréquemment lors des discussions dans votre organisation : le « je » ou le « nous » ?

Outre le monde organisationnel, reportons-nous à la société en tant que telle. D'après vous, lequel des énoncés suivants a le plus de sens ?

A. La société doit apprendre à s'adapter aux spécificités de l'individu.

B. L'individu devrait se plier aux normes de la société.

Les individualistes choisiront l'énoncé A. Selon eux, si chacun travaille à améliorer son sort, les efforts de chacun contribueront à améliorer le sort de la collectivité dans son ensemble. L'individualisme privilégie la tolérance. À l'échelle mondiale, les individualistes sont minoritaires, mais, aux États-Unis, ils sont majoritaires.

Les collectivistes choisiront l'énoncé B. Pour eux, le sort de chacun s'améliorera nécessairement si tous travaillent à améliorer le sort des autres. Le collectiviste privilégie l'obéissance et le patriotisme.

UNE ÉTUDE DE CAS : STÉPHANE EST-IL UN BON GESTIONNAIRE ?

Afin d'améliorer la rentabilité de son équipe, Stéphane a modifié le programme d'encouragement à la performance. Dorénavant, à la fin du mois, au lieu de remettre à chaque membre de l'équipe un même boni choisi en fonction de la performance du groupe, il récompensera plutôt chaque membre au prorata des ventes qu'il aura générées. Ainsi, le meilleur vendeur recevra un plus gros boni, tandis que le moins bon vendeur recevra le plus petit boni. Ceux qui ne travaillent pas au service des ventes ne recevront plus rien.

Les individualistes diront que Stéphane est un bon gestionnaire, alors que les collectivistes trouveront qu'il est une nuisance pour son organisation. Qui a raison ? Serez-vous surpris d'apprendre que le meilleur vendeur, s'il est collectiviste, fera peut-être en sorte, le mois prochain, de vendre moins afin de moins indisposer ses pairs ?

Il n'est pas facile de gérer un milieu de travail diversifié au regard de cette dimension. Imaginez, par exemple, qu'une équipe de marketing doive développer une campagne, mais que celle-ci s'avère un échec parce qu'un des membres de l'équipe y a imposé son propre point de vue au détriment des autres idées émises. Que ferez-vous ? Si vous tentez de découvrir à qui imputer la faute et que vous punissez la personne en cause, vous indisposerez tous les collectivistes de votre équipe, et vous risquez de les perdre. Si vous punissez l'équipe au complet, vous indisposerez tous les individualistes.

Où se situe le Québec au chapitre de l'individualisme ? Il se situerait au 11e rang, selon Geert Hofstede. Les Américains seraient 1ers, les Australiens 2es, les Français 13es, les Argentins 33es, les Grecs 43es, les Chiliens 55es, les Taïwanais 64es et les Guatémaltèques 74es.

Dans les sociétés collectivistes, l'opinion de chacun correspond à celle du groupe, et si une situation nouvelle se présente, le groupe doit se réunir pour entendre l'opinion de chacun à ce sujet. Car, selon la pensée collectiviste, les gens se font une opinion en discutant avec leurs proches ; dans les sociétés individualistes, les gens se font une opinion en consultant les médias.

Comment devient-on plus individualiste ou plus collectiviste ? Il semblerait que nos premières années de vie soient déterminantes. Par exemple, grandir avec des frères et des sœurs, dans une famille où on privilégie l'harmonie et l'obéissance, vous rend plus collectiviste. Il en va de même si vous grandissez au sein d'une famille élargie plutôt que nucléaire.

Depuis quatre décennies, le Québec a pris le chemin de l'individualisme. Chaque génération est plus individualiste que la précédente. Pourquoi ? Les familles sont plus petites, la consommation a pour but de se distinguer de la masse, la réalisation de soi est plus importante que le sacrifice personnel pour le clan, etc. Même le loisir, autrefois pratiqué, voire partagé avec les amis ou la famille, se *consomme*, aujourd'hui, de plus en plus individuellement. De la même façon, tandis qu'il y a cinquante ans la musique se consommait le samedi soir, dans une salle municipale, elle se consomme aujourd'hui au moyen de baladeurs numériques permettant, par exemple, à cinq personnes situées dans la même pièce d'écouter cinq types de musique différents.

Cette tendance à l'individualisme explique les conflits qui naissent entre les plus jeunes et les plus vieux employés. Ces derniers ne conçoivent pas, par exemple, qu'un plus jeune employé prenne ses journées de congé en sachant que l'organisation ne pourra pas suffire à la demande et laissera des clients insatisfaits.

Des collectivistes et des individualistes peuvent-ils faire bon ménage dans une même organisation ? Absolument. Pour y arriver, il faut, dans un premier temps, prendre conscience de l'existence des deux dimensions de ce continuum et, dans un deuxième temps, faire comprendre à chacun qu'elles sont essentielles pour que survive l'organisation survivre à moyen et à long terme.

Le troisième continuum : émotion ou raison ?

Comment se déroulent les conflits dans votre organisation ? Dans le silence ou dans la retenue ? Jusqu'à quel point les membres de votre équipe dévoilent-ils ce qu'ils ressentent à leurs collègues ? Jusqu'à quel point communiquent-ils leurs émotions ? Bref, qu'est-ce qui prime lorsqu'ils communiquent entre eux ? La raison ou l'émotion ?

Nous nous retrouvons, ici, devant un autre continuum. D'un côté, il y a ceux qui laissent transparaître leurs émotions ; de l'autre, ceux qui les gardent pour eux et qui préfèrent recourir à la pensée logique pour faire valoir leurs points de vue. Cela ne signifie pas qu'ils ne ressentent rien, mais simplement qu'ils n'aiment pas exprimer ce qu'ils pensent ou ressentent. Ils manifestent une certaine pudeur à l'idée de laisser transparaître ce qui se passe en eux.

On a demandé à un vaste échantillonnage de gens s'il est normal de laisser transparaître ses émotions au travail. Seulement 19 % des Éthiopiens et 26 % des Japonais ont déclaré que oui, tandis que 51 % des Canadiens et 57 % des Américains ont abondé dans le même sens, de même que 67 % des Italiens, 80 % des Cubains et 82 % des Égyptiens.

Imaginez donc une négociation entre un Japonais et un Égyptien. Le premier ne laisse pas transparaître ses émotions, tandis que le second, dès qu'un argument l'horripile, se lance dans des tirades et traite son vis-à-vis de tous les noms. Est-ce qu'il lui en veut vraiment ? Pas du tout. C'est simplement sa manière de s'exprimer pendant la négociation. Il s'attendra, le lendemain, à reprendre la discussion comme si de rien n'était, tandis que son interlocuteur n'en aura absolument pas envie.

Qui a raison ? Votre réponse dépendra de votre culture. Dans l'exemple précédent, le Japonais aura tendance à traiter son vis-à-vis de colérique, tandis que l'Égyptien le traitera d'insensible. Mais, à l'occasion d'un conflit, il y en aura toujours qui monteront rapidement aux barricades et d'autres qui resteront posés, les deux pieds sur terre.

Dans une entreprise valorisant la raison, on félicitera celui ou celle qui a su conserver son calme pendant une confrontation, tandis qu'au sein d'une organisation privilégiant l'expression des sentiments, on parlera plutôt en grand bien de celui ou celle qui, en faisant une crise, a su amener son vis-à-vis à changer d'opinion. Tout est question de perspective.

Cette différence va plus loin que les simples emportements. On retrouve souvent, chez les gens plus passionnés, une propension à toucher de la main leurs interlocuteurs. Non pas pour y trouver quelque gratification sexuelle, mais plutôt pour mieux entrer en contact avec l'autre. Cela peut créer d'autres conflits dans une organisation, car il y a des gens qui, justement, n'aiment pas être touchés de la sorte ou qui considèrent un toucher comme une agression.

UNE ÉTUDE DE CAS :
SYLVIE EST-ELLE UNE BONNE GESTIONNAIRE ?

Hier, pendant la réunion, Pablo s'est énervé. Il a dit ses quatre vérités à Benoît. Il lui a dit qu'il le trouvait incompétent, que ses idées étaient ridicules et qu'il était écœuré de travailler avec lui, parce qu'il lui fallait mettre les bouchées doubles pour compenser l'incompétence de son collègue.

Aujourd'hui, Pablo est arrivé souriant au travail. Il avait déjà oublié l'altercation de la veille. C'est Sylvie qui lui a rappelé la confrontation en lui annonçant qu'il était suspendu pour trois jours. Elle a expliqué qu'elle ne souhaitait pas perdre Benoît, passablement ébranlé de la veille.

D'où vient cette différence ? De la réalité vécue pendant l'enfance et des normes et comportements sociaux acquis pendant cette période. Il y a des familles au sein desquelles l'expression des sentiments est encouragée, et d'autres qui ne l'encouragent pas. Ce que vous vivez a un impact certain sur ce que vous deviendrez par la suite.

Dans les milieux de travail caractérisés par la diversité, ce continuum aura un impact particulier selon que le milieu de travail est mixte ou qu'il est constitué de gens provenant de cultures diverses. Selon l'une ou l'autre de ces dimensions, les filtres cognitifs au travers desquels tout individu perçoit la réalité auront un impact considérable sur la qualité des relations. Les femmes étant plus enclines à agir ou à réagir en fonction de leurs sentiments ou de leurs valeurs, elles risquent d'être traitées de colériques ou, pire, d'hystériques si elles agissent de la sorte, alors qu'au regard de leur sexe ou de leur culture, elles sont minoritaires au sein de leur groupe de travail. Les rationnels, quant à eux, risquent d'être traités de sans-cœur.

MAIS TOUTES LES FEMMES NE SONT PAS PASSIONNÉES !

Non, mais selon les études, une majorité de femmes (60 %) prennent leurs décisions en fonction de leurs sentiments ou valeurs, tandis que chez les hommes, ce pourcentage ne serait que de 40 %.

Ces deux groupes peuvent-ils travailler ensemble ? Absolument, quoique cela s'avérera toujours plus difficile pour des personnes se situant aux extrémités du continuum. Il faut leur faire prendre conscience de l'existence de ce continuum et leur montrer à adapter leur mode de communication en fonction de leur interlocuteur, tout en respectant ce qui est tabou (toucher, certains mots, etc.) chez l'autre.

Le quatrième continuum : vie publique ou privée ?

Comment se fait-il que, dans certains milieux de travail, des collègues parlent ouvertement de leur vie sexuelle, alors que cette réalité demeure taboue entre collègues d'une autre organisation ? Imaginons que vous alliez rencontrer un client potentiel dans le but de conclure une entente avec lui. Vous attendez-vous à rencontrer sa famille et à lui raconter votre vie, ou prévoyez-vous plutôt vous concentrer sur l'offre commerciale que vous avez à lui présenter ? Après tout, une rencontre d'affaires reste une rencontre d'affaires... Est-ce bien le cas ?

Imaginons deux amis entrepreneurs qui discutent. Le premier explique au second que si un employé fait bien son travail, il est assuré que sa relation avec ce dernier s'améliorera au fil du temps. Le second soutient plutôt que si sa relation est bonne avec un employé, il est alors assuré que la performance de ce dernier s'améliorera au fil du temps. Qui a raison ? Qu'est-ce qui vient en premier ?

Nous voici devant un autre continuum. D'un côté, nous aurons ceux dont la vie est compartimentée, partagée entre vie privée et vie publique et, à l'autre extrême, ceux dont la vie représente un tout accessible à tout invité. Pour les premiers, il existe une frontière entre la vie personnelle et la vie professionnelle. Pour les seconds, la frontière est plus diffuse. Nous appellerons les premiers « Spécifiques » et les seconds, les « Diffus ».

UNE ÉTUDE DE CAS : YVON DESCHAMPS AVAIT-IL UN BON BOSS ?

Dans un monologue célèbre (*Les unions, quossa donne ?*), Yvon Deschamps campe un employé tout content parce que son patron lui a permis « d'essayer » sa tondeuse à gazon et d'ainsi tondre tout le terrain de son chalet. Il est tout content et il répète « qu'il a donc un bon boss… »

Êtes-vous d'accord avec lui ? Est-il normal qu'un patron vous demande un service personnel ? Votre réponse variera selon que vous êtes issu d'une société *spécifique* ou *diffuse*.

Fons Trompenaars rapporte les résultats d'une recherche portant sur le même sujet. On a demandé à des milliers de personnes ce qu'elles répondraient si leur patron leur demandait de l'aide pour peindre leur maison. Résultats : 91 % des Suédois répondraient non à cette requête, par rapport à 87 % pour les Canadiens, 82 % pour les Américains, 67 % pour les Cubains, 46 % pour les Nigériens et 32 % pour les Chinois. Plus une société est diffuse, plus la frontière est ténue entre la vie personnelle et la vie professionnelle.

À titre de gestionnaire, devriez-vous être ouvert à l'existence de ce continuum? Absolument. Cela vous aidera autant avec les clients qu'avec les employés.

- Il est normal de prévoir plus de temps pour tisser une relation d'affaires avec un client issu d'une société diffuse. Il a besoin de vous connaître avant de faire confiance à votre organisation. En fait, ce n'est pas avec cette dernière qu'il fera affaire; c'est avec vous. Ce qui vous aurait pris une seule visite dans une société spécifique vous en prendra trois ou quatre dans une société diffuse. N'allez pas croire qu'il s'agit d'une perte de temps: une fois la relation établie avec un «diffus», elle sera bien plus solide qu'avec un «spécifique».

- La gestion devra également être plus paternaliste envers les employés issus de sociétés diffuses. Cela peut sembler une perte de temps, mais sachez que les employés issus de sociétés diffuses, que vous apprenez à connaître dans leur entièreté, vous seront bien plus fidèles par la suite. Aimeriez-vous améliorer la fidélité des membres de votre équipe envers votre organisation? Par ailleurs, vous passerez pour un agresseur si vous vous intéressez à la vie personnelle d'un employé issu d'une société spécifique.

Retenez également que les réprimandes ne seront pas interprétées de la même manière selon qu'un employé est diffus ou spécifique. Quand vous réprimandez un employé spécifique, il sait que vos reproches concernent son rendement selon les objectifs que vous lui aviez communiqués au préalable. Les employés diffus, quant à eux, percevront plutôt vos reproches comme un jugement portant non pas sur ce qu'ils font, mais bien sur ce qu'ils sont. De tels entretiens nécessitent une diplomatie plus efficace ainsi qu'une plus grande ouverture à l'autre.

Est-il possible de gérer une équipe où se côtoient à la fois des spécifiques et des diffus ? Oui, tout à fait. Il faut d'abord faire prendre conscience, aux membres de votre personnel, de l'existence de ce continuum, puis adapter votre gestion aux particularités de chacun. Nous y reviendrons.

Le cinquième continuum : respect mérité ou attribué ?

Avez-vous déjà travaillé dans une entreprise familiale contaminée par les valeurs familiales ? Dans ces organisations, les membres de la famille profitent d'un statut spécial. Trop souvent, même s'ils sont moins doués et moins productifs, ils toucheront un salaire supérieur et se verront offrir les promotions. Comment se sentent les autres employés témoins de ces passe-droits ? Cela dépend des situations et des personnes en cause. Certains trouveront cette réalité normale, tandis que d'autres crieront à l'irresponsabilité et à l'iniquité. Certains enfants se prennent même au jeu et s'imaginent supérieurs aux autres en raison de leur bagage génétique...

Si vous trouvez cet exemple trop poussé, je vous rappellerai qu'il existe encore des pays où les souverains sont choisis non pas en fonction de leur compétence ou de leur sagesse, mais bien selon leur ordre d'arrivée en ce bas monde. Et n'allez pas croire qu'il s'agit exclusivement de pays du tiers-monde : croyez-vous qu'il y aura élection quand arrivera le temps de remplacer la souveraine actuelle du Canada ?

LA PRIMOGÉNITURE

Du latin *primo* (premier) et *genitura* issu de *gignere* (engendrer). Ce terme désigne l'antériorité de naissance et les droits qui en découlent, en particulier en matière de succession.

C'était la norme dans le système féodal au Moyen Âge : l'aîné hérite de la totalité des terres afin d'éviter un morcellement du domaine, qui entraînerait lui-même un affaiblissement du pouvoir de la lignée[7].

Dans d'autres organisations, le statut est mérité : tant qu'une personne n'a pas fait ses preuves, ses diplômes, son âge ou son nom de famille ne lui apportent pas un respect absolu et automatique.

Nous voici devant un autre continuum. À une extrémité, nous retrouvons les sociétés où le statut doit être gagné en atteignant des objectifs ; à l'autre extrême, on retrouve les sociétés où le statut est conféré en fonction de l'âge, de l'éducation, du sexe, des diplômes obtenus ou de l'origine familiale.

Quelle vision est la bonne ? Encore une fois, cela dépend de certains facteurs. La culture, ce sont les moyens qu'ont trouvés une société ou une organisation pour régler un problème. Si les années prouvent que les finissants de telle école de gestion apportent systématiquement des améliorations positives à l'organisation, on en viendra à donner un statut supérieur aux employés diplômés de cette école. Si, au contraire, l'expérience prouve qu'il n'y a pas de lien entre le niveau d'éducation et le succès des ventes de l'organisation, ce facteur importera peu à l'équipe des ventes, et on respectera davantage le meilleur vendeur que celui qui arrive des HEC.

Où se situe le Canada par rapport aux autres pays sur ce continuum ? Pour le découvrir, on a demandé à des milliers de personnes de répondre par vrai ou faux à l'énoncé suivant : *Le respect qu'une personne reçoit dépend beaucoup de ses origines familiales.* Seulement 13 % des Canadiens ont répondu vrai à cet énoncé. Au Canada, il faut faire ses preuves pour mériter le respect des autres. En Norvège, seulement

6 % des répondants se sont déclarés d'accord avec cet énoncé. Ce pourcentage a monté à 18 % au Mexique, à 26 % en Russie, à 31 % à Cuba, à 43 % en Inde et à 50 % en Arabie Saoudite.

Il peut se révéler dangereux de gérer une organisation dont les membres se situent majoritairement à une extrémité de ce continuum.

- Dans une organisation où on ne respecte que les super performants, on risque de perdre les joueurs moins performants mais tout de même essentiels au succès de l'organisation. Dans un contexte de pénurie de main-d'œuvre, ce n'est pas nécessairement la meilleure idée.

- Dans une organisation où les employés refusent de confronter leur supérieur, il est possible qu'on le laisse mener l'entreprise à sa perte, au lieu de lui dire que sa dernière idée est... merdique.

Encore une fois, il faut viser l'équilibre et respecter l'autre même s'il ne se situe pas au même point sur le continuum.

ANALYSONS VOTRE CULTURE ORGANISATIONNELLE

Imaginons que c'est la fin de l'année financière et que, pour exprimer à vos troupes que vous êtes super satisfait de leur rendement, vous organisez une soirée hommage. Qui sera honoré et pourquoi ? Allez-vous privilégier l'ancienneté, l'atteinte des objectifs ou les accomplissements remarquables ?

Où cela vous situe-t-il sur le continuum ? Quels insatisfaits cette soirée risque-t-elle de créer ? Améliorerez-vous le climat de travail ? Au contraire, l'envenimerez-vous ?

Le sixième continuum : court terme ou long terme ?

L'horizon temporel des gens qui composent une organisation, une société ou une nation a également un impact sur les décisions qu'ils prennent collectivement. Certains veulent des résultats immédiats ; d'autres sont prêts à y mettre le temps qu'il faut pour arriver à leurs fins.

UNE ÉTUDE DE CAS : LAURENT EST-IL UN BON GESTIONNAIRE ?

La présentation de Sophie avait été claire. En adoptant un processus de développement de produits (PDP), tout le secteur R & D de l'entreprise deviendrait plus efficace. Les produits seraient développés plus rapidement, et les coûts cesseraient d'exploser une fois le prototype présenté au client.

De plus, parce que 90 % des ventes annuelles portaient sur des produits développés au cours des cinq dernières années, la stratégie ferait grimper la valeur de l'organisation en quelques années.

Laurent prit le temps de féliciter Sophie et ajouta : « Reviens-moi avec ça dans à peu près six mois : ton projet exige des investissements considérables, et les actionnaires s'attendent à de meilleurs résultats d'ici au prochain trimestre. D'ici là, on va tenter de réduire les dépenses liées au développement. »

Laurent est-il un bon gestionnaire ? Que répondriez-vous si vous étiez actionnaire ? Que répondriez-vous si vous étiez Sophie ?

Quand arrive le temps de se projeter dans l'avenir, certaines personnes voient plus loin que les autres. Nous dirons des gens qui pensent à long terme que leur horizon temporel est lointain, tandis que ceux qui pensent à court terme auront un horizon temporel limité. En affaires, les premiers tentent de gagner la guerre, les seconds veulent gagner la bataille.

Pour les personnes dotées d'un horizon temporel limité, les efforts investis maintenant doivent rapporter rapidement. Et dans les sociétés où la majorité des individus pensent à court terme, la pression sociale pousse à la consommation, et il est difficile de changer la manière dont les choses sont faites.

Par ailleurs, les personnes dotées d'un horizon temporel lointain atteindront tôt ou tard leurs objectifs si elles persévèrent et ne lâchent pas. Dans les sociétés où la majorité des personnes pensent à long terme, la pression sociale pousse à l'épargne, et il est normal de s'adapter à mesure que les conditions évoluent.

Qu'est-ce qui fera qu'une société se situera plus à gauche ou plus à droite sur ce continuum ? Il semblerait que ce soit les valeurs communiquées aux enfants. Les sociétés dotées d'un horizon temporel lointain mettront la persévérance, l'esprit de sacrifice et l'économie en valeur.

En matière de vision à long terme, les sociétés asiatiques sont championnes. Les recherches donnent le 1er rang à la Chine, le 2e à Hong Kong, le 3e à Taïwan, le 4e au Japon et au Vietnam. L'Inde arrive 8e, le Danemark 12e, la France 19e, la Pologne 24e, le Québec 28e, les États-Unis 31e, le Canada 34e et le Pakistan, 39e.

UN RAPPEL HISTORIQUE

Quand les États-Unis et le Vietnam ont entrepris des négociations à Paris pour mettre un terme à la guerre, les négociateurs américains, qui avaient réservé leurs chambres pour environ une semaine, furent très surpris d'apprendre que leurs vis-à-vis les avaient réservées pour trois ans !

La présence d'horizons temporels différents est source de nombreux conflits au travail. L'individu qui pense à court terme n'est pas nécessairement prêt à faire des sacrifices dans l'immédiat pour obtenir de meilleurs résultats plus tard. Ainsi, l'actionnaire voulant un rendement immédiat hésitera à sacrifier le dividende trimestriel pour assurer la survie de l'entreprise.

Pourtant, toute organisation a intérêt à encourager le travail conjoint de personnes dotées d'horizons temporels différents. Le succès repose sur cet équilibre. À quoi bon gagner une bataille si on perd la guerre ? Pourquoi ne pas se remettre en question lorsqu'on perd son marché ?

Le septième continuum : contrôle interne ou externe ?

Cette septième dimension concerne la relation qu'une société entretient avec la Nature. De tout temps, l'être humain a été confronté à celle-ci : les saisons, la mousson, les tempêtes, les changements climatiques, les disettes, etc. Toutefois, les sociétés n'ont pas toutes trouvé les mêmes solutions pour faire face à la nature.

Certaines sociétés ont tenté de la contrôler, alors que d'autres ont choisi de s'y adapter. Les premières ont, par exemple, choisi l'agriculture ou l'élevage, tandis que les autres ont choisi le nomadisme pour suivre les troupeaux et les récoltes. Les premiers ont tenté de comprendre les phénomènes naturels pour les contrôler ; les seconds les ont imputés aux caprices des dieux.

Ces deux rapports à la nature ont eu des impacts différents sur les valeurs de chaque type de société. Ainsi, pour les sociétés ayant choisi de contrôler la nature, le succès doit venir de l'intérieur, c'est-à-dire de la capacité à maîtriser les forces extérieures ; pour les sociétés plus adaptatives, le succès émane de la capacité à s'adapter aux circonstances extérieures. Ultimement, c'est l'environnement qui aura le dernier mot. Nous dirons que ces premières sociétés ont un centre de contrôle interne, alors que les secondes ont un centre de contrôle externe.

Pour classer les pays sur ce continuum, on a demandé à quelques dizaines de milliers de répondants de choisir, parmi ces deux énoncés, celui qui représentait le plus fidèlement la réalité.

A. Ce qui m'arrive est le résultat de mes agissements.

B. Il m'arrive d'avoir l'impression de ne pas avoir suffisamment de contrôle sur la direction que prend ma vie.

Avant de poursuivre votre lecture, répondez vous aussi. Ça y est? Alors continuons. Voici quelques-uns des scores révélés par l'étude. Au Canada, 79 % des répondants ont choisi le premier énoncé (ce serait légèrement plus bas au Québec). Les Américains sont, quant à eux, 82 % à choisir « A » également, tout comme les Israéliens qui sont à 88 % persuadés que ce qui leur arrive vient de leur pouvoir sur leur environnement...

À l'opposé, 67 % des Vénézuéliens ont choisi l'énoncé « B », 60 % des Népalais, 51 % des Russes, 37 % des Japonais et 33 % des Grecs. Ces gens ont une propension à expliquer ce qui leur arrive en recourant à des forces extérieures.

Qui a raison? Qui réussira le plus souvent en affaires? Les internalistes ou les externalistes? La sagesse populaire occidentale veut que ce soit les internalistes, parce que ceux-ci ne se sentent pas impuissants devant leur environnement. Mais sur quoi s'appuie-t-on pour affirmer que le fait de s'adapter à son environnement plutôt que d'imposer son point de vue représente une faiblesse?

HENRY FORD : UN INTERNALISTE

Quand des membres de son équipe lui ont suggéré d'offrir les automobiles Ford en plusieurs couleurs, Henry Ford aurait répondu : « Faites-les de la couleur que vous voulez, pourvu qu'elles soient noires. » En clair, il voulait imposer son point de vue à la clientèle.

Mais cette même clientèle souhaitait qu'on lui offre de la couleur. Ainsi, les parts de marché de Ford fondirent rapidement par la suite.

Le succès implique également la capacité de s'adapter à son environnement, la capacité de le respecter. On le voit actuellement sur le plan environnemental : il y a des limites à se penser maître de son environnement. En fait, une société visant une croissance continue à long terme devrait accepter les deux points de vue, soit l'externaliste et l'internaliste. Et toute organisation souhaitant survivre devrait encourager leurs expressions respectives dans ses murs. Si vous voulez que votre organisation dure longtemps, encore une fois, l'ouverture à la diversité pourrait constituer la clé qui vous permettra d'atteindre cet objectif.

Le huitième continuum : société féminine ou masculine ?

Par extension, une société, c'est un peu comme une famille. Commençons donc l'étude de ce huitième continuum de la culture en nous penchant sur les rôles traditionnels des parents au sein d'une famille.

D'un côté, il y a la mère. Elle accepte l'enfant tel qu'il est et le couvera tant que ce sera nécessaire. Elle souhaite que son enfant bénéficie d'une bonne qualité de vie.

De l'autre côté, il y a le père qui, lui, doit affronter le monde afin de jouer son rôle de pourvoyeur. Loin de couver son enfant, il lui revient de le mettre au défi et de le préparer à jouer son propre rôle en société. Il doit lui apprendre à s'imposer.

Remarquez qu'il s'agit ici des rôles traditionnels. Dans bien des sociétés, les frontières entre ces rôles sont devenues diffuses. En effet, il existe des cultures masculines et féminines. Selon Geert Hofstede[8], « une société est dite masculine quand les rôles des parents sont clairement distincts : les hommes sont censés s'imposer, jouer les durs et se concentrer sur les succès matériels, tandis que les femmes sont supposées moins s'imposer, être plus tendres et plus concentrées sur la qualité de vie. Une société est appelée féminine lorsque les rôles sont moins campés, quand les hommes et les femmes sont plus réservés, plus tendres et plus concentrés sur la qualité de vie ».

UN PEU D'INTROSPECTION

Repensez à la dernière rencontre que vous avez eue avec un employé potentiel. S'imposait-il ou était-il plutôt réservé, comme s'il espérait que vous trouveriez ses qualités en posant vous-même des questions ? D'un point de vue culturel, le fait de s'imposer est considéré comme masculin, tandis que le comportement inverse serait perçu comme féminin.

Comment avez-vous interprété l'événement ? Quel comportement préférez-vous ? Toutefois, n'oubliez pas ceci : ce n'est pas l'emballage qui fait le cadeau. En préférant systématiquement un style qui correspond à votre propre culture, vous passez peut-être à côté du candidat idéal. Ce n'est pas parce qu'une personne ne s'impose pas qu'elle doit être considérée comme un deuxième choix.

Où se situe le Québec sur le continuum féminité-masculinité ? Disons d'emblée que la culture québécoise est plus féminine que la culture canadienne. Sur le plan de la masculinité, les champions sont la Slovaquie, le Japon et la Hongrie. Les États-Unis arrivent, quant à eux, au 19e rang, le Canada au 33e, le Québec au 43e et la France, au 48e rang. Les champions de la féminité seraient finalement le Danemark, les Pays-Bas, la Norvège et la Suède.

Les relations interpersonnelles ne sont pas nécessairement faciles entre les personnes qui se situent aux extrémités de ce continuum. La personne issue d'une culture masculine donnera l'impression de se vanter, de s'imposer face à une personne issue d'une culture plus féminine, qui donnera plutôt l'impression d'être effacée et de ne pas savoir ce qu'elle veut.

Cela signifie-t-il que ces gens ne peuvent pas travailler ensemble ? Absolument pas. Il leur faut toutefois prendre conscience de l'existence de ce continuum et apprendre à apprécier dans quelle mesure les autres les complètent.

Dans les sociétés masculines, les bons immigrants sont rapidement assimilés. Dans une société féminine, on penche davantage pour l'intégration. Dans une société masculine, les gens vivent pour travailler. Dans une société féminine, ils travaillent pour vivre. Dans une société masculine, les membres de l'organisation tentent de s'associer avec les puissants. Dans une société féminine, ils préfèrent faire preuve de solidarité envers les faibles.

Ces gens peuvent-ils travailler ensemble ? S'ils souhaitent voir leur organisation prospérer (ou même survivre) ces prochaines années, ils le devront.

Le neuvième continuum : près ou loin du pouvoir ?

Comment voyez-vous votre patron ? Arrivez-vous à le tutoyer ? Est-ce que ça vous enchante de savoir que votre patron a une plus grosse maison ou un meilleur salaire que le patron d'un de vos amis ? Vous permettriez-vous d'éclater de rire devant lui s'il disait quelque chose que vous trouveriez ridicule ? Oseriez-vous lui communiquer votre désapprobation par rapport à une décision qu'il viendrait de prendre ? Êtes-vous envieux des gens qui réussissent mieux que vous ?

Notre dernier continuum portera sur votre rapport à l'autorité ou, plus précisément, sur la distance que vous considérez normale entre vous et une figure d'autorité.

UN EXEMPLE TIRÉ DE LA VIE SCOLAIRE

Il y a quelques décennies, en France, les professeurs d'université étaient vénérés. On ne leur parlait pas, on les saluait en silence. Il y avait même des gens payés (des appariteurs) pour essuyer le tableau quand le professeur leur faisait signe. Dans ce cadre, on dira que la distance entre le professeur et les étudiants était grande, et que ces derniers étaient ainsi **éloignés** du pouvoir.

Dans les années 70, au Québec, nous avons connu le mouvement contraire. Les élèves étaient encouragés à appeler leur professeur par son prénom ; on le tutoyait, et il n'était pas rare, au cégep du moins, qu'un prof fume un joint avec quelques élèves. Dans ce cadre, on dira que la distance entre le professeur (qui restait, malgré tout, une figure d'autorité) et les étudiants était petite, donc que ceux-ci étaient **près** du pouvoir.

Répondez à la question suivante et posez-la à d'autres personnes : *Quelle approche est la meilleure ?*

Dans les sociétés où ils sont loin du pouvoir, les gens apprennent rapidement que, dans la vie, leurs aspirations ne devraient pas être plus grandes que ce qui est associé à leur rang dans l'échelle sociale. Dans ces sociétés, on apprend à faire face aux conflits en courbant l'échine devant le plus fort. C'est la règle. Sur le plan organisationnel, la gestion autocratique est ici de mise.

Dans les sociétés où les gens sont près du pouvoir, ces derniers apprennent à faire face aux conflits en négociant et en faisant preuve de flexibilité. Ils apprennent également que l'opinion d'un subalterne peut valoir autant que celle d'un patron. Sur le plan organisationnel, la gestion participative est alors préconisée, et le patron qui souhaiterait, du fait de son statut, prendre toutes les décisions du haut de sa tour d'ivoire, sans consulter ses collègues, verrait rapidement ses efforts être sabotés.

Geert Hofstede a évalué, dans 57 pays et régions, la distance entre le peuple et le pouvoir. Les cinq premières positions, soit les pays où le pouvoir est le plus éloigné des gens, sont occupés par la Malaisie, la Slovaquie, le Guatemala, le Panamá et les Philippines. Les trois dernières positions, celles des pays où le pouvoir est le plus près de la population, sont, en 72e position, le Danemark, en 73e position, Israël et, en 74e, l'Autriche.

Le Québec se trouve quant à lui en 49e position, et le Canada, en 60e. C'est donc dire qu'au Québec, la distance qui nous sépare du pouvoir est plus grande qu'au Canada dans son ensemble. Nous nous sentons moins familiers avec nos patrons.

D'où vient ce trait culturel ? Il semblerait, une fois de plus, que nos premières années passées en famille soient décisives. D'une part, il y a des familles où l'autorité des parents ne doit absolument pas être remise en question ; il n'est pas rare que les enfants plus jeunes de ces familles obéissent même aux plus âgés. Dans ce contexte, on connaît et garde son rang. On comprend que, pour ne pas avoir de problème, il vaut mieux plier l'échine face à un autre qui est placé plus haut dans la hiérarchie.

D'autre part, il y a des familles où la source d'autorité n'est pas claire. On se demande même, à l'occasion, si ce ne sont pas les enfants qui sont au pouvoir. Vu ces clans sans leaders, il devient facile de deviner que, dans la société, il n'y a pas d'ordre préétabli et qu'on peut prendre la place qu'on souhaite prendre.

Par la suite, comme nous l'avons vu précédemment, le système renforce ou affaiblit ce qui a été appris ou acquis au sein de la cellule familiale. Plus tard, une fois sur le marché du travail, l'individu aura tendance à reproduire ce qu'il a vécu jusque-là.

Ainsi, dans les organisations où les individus sont près du pouvoir, il y aura plus de décentralisation, moins de superviseurs directs, un plus faible écart entre les employés les mieux rémunérés et ceux qui le sont le moins, une plus grande écoute de la part des superviseurs et moins de privilèges (stationnement réservé, toilettes privées, etc.) accordés aux membres de la direction.

Dans les organisations où il y a une grande distance entre les gens et le pouvoir, celui-ci sera centralisé. Il y aura davantage de mesures de contrôle et un large écart entre le salaire des mieux rémunérés et celui des moins bien rémunérés. De plus, la gestion, fondée sur un modèle paternaliste, sera autocratique, et les privilèges offerts aux dirigeants seront plus nombreux.

Une organisation peut-elle survivre si elle ne compte que des membres partageant la même distance par rapport au pouvoir ? Difficilement. Il faut encore une fois apprendre à apprécier la différence. Le patron qui n'est jamais confronté risque de faire des bévues et celui qui l'est à tout moment aura de la difficulté à imposer sa vision.

Cependant, une personne risque d'être malheureuse dans une organisation dont les valeurs vont à l'encontre des siennes sur ce continuum. Nous y reviendrons au chapitre 7.

UNE CINQUIÈME QUESTION QUIZ

Répondez par vrai ou faux à l'énoncé suivant : *Dans notre organisation, les gens ne sont pas tous traités de la même manière. La direction est capable de s'adapter aux besoins particuliers de chaque individu. Elle s'efforce, cependant, d'être équitable.*

Voilà le code génétique de ce qui constitue une culture. Nous aurions, bien entendu, pu ajouter la dimension religieuse, mais celle-ci est bien plus souvent le reflet que la cause des choix faits par une société. Nous traiterons plutôt des particularités religieuses au chapitre 8. Tenons-nous-en à neuf continuums pour l'instant.

Remarquez que, malgré les statistiques, vous trouverez, dans toute population, des individus se situant aux extrémités des continuums. Tous les individus issus d'une même société ne sont pas identiques.

La position que vous occupez sur ces neuf continuums colore votre vision du monde et a un impact certain sur vos décisions quotidiennes. Vous ne devriez pas craindre d'embaucher quelqu'un qui risquerait ne pas partager vos idées. Au contraire, une telle personne apporterait à votre organisation une richesse qui lui fait probablement défaut.

Comment vous y prendre ? Est-ce vraiment nécessaire d'y penser maintenant ? Pour répondre à ces questions, passez au prochain chapitre.

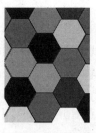

Chapitre 5

Embaucher un nouvel arrivant

Selon les latitudes, la haine de l'étranger change de nom.
En Europe, elle s'appelle patriotisme ; en Chine, xénophobie.
Fernand Vanderem

Les faits sont implacables : à compter de 2012, au Québec, le nombre de personnes en âge de travailler commencera à décliner. D'ici cette année charnière, 700 000 emplois se libéreront à mesure que les *boomers* prendront leur retraite.

Remarquez que l'an 2012 représente une moyenne. Dans certaines régions, en grande partie à cause de l'exode des jeunes, les problèmes annoncés sont déjà bien présents. Il se peut donc que le candidat traditionnel que vous choisiriez pour remplacer un employé partant à la retraite ne cogne pas à votre porte, le matin où vous en aurez besoin.

Vous me trouvez alarmiste ? Il y a pire. Dans une analyse économique récemment présentée par Desjardins, Hélène Bégin, une économiste principale, explique que la population du Québec vieillit plus vite que partout en Amérique. D'ici une quinzaine d'années, en fait, le quart de notre population sera âgé de 65 ans ou plus. Ces départs à la retraite auront un impact tel que, dans une économie mondiale de plus en plus concurrentielle, les entreprises d'ici devront quand même composer avec une inflation des salaires.

Au chapitre de l'immigration, seule l'arrivée de 300 000 immigrants par année pourrait éviter une baisse de la population active. Et encore, cela ne serait pas gagné d'avance, car le Québec perd, chaque année, une grande quantité de nouveaux arrivants qui vont tenter leur chance ailleurs.

Que faire alors ? Si vous êtes dans le secteur manufacturier, vous pouvez toujours localiser à l'étranger une partie de la production, en la confiant à un sous-traitant installé dans un pays qui ne connaît pas de problèmes de main-d'œuvre. Sinon, vous devez élargir votre bassin d'employés potentiels. Voici quelques options qui vont dans ce sens :

• *Modifiez le poste afin qu'il puisse être pourvu par une personne handicapée.* Vous pouvez même obtenir de l'aide financière si vous choisissez cette option.

• *Gardez vos employés plus longtemps.* L'espérance de vie ayant augmenté, ne serait-il pas normal que les travailleurs prennent leur retraite plus tard ? Demandez-vous si c'est possible pour vous.

• *Redéfinissez votre vision d'un emploi à temps plein.* Un emploi à temps plein n'a pas à être confié à une seule personne ; il peut même être partagé par deux ou trois. Un employé pourrait fort bien accepter de rester à condition que ce ne soit que deux ou trois jours par semaine.

• *Ouvrez votre organisation à la diversité en embauchant de la main-d'œuvre immigrante.* Les immigrants sont là et n'attendent qu'une ouverture de votre part pour vous aider à atteindre vos objectifs.

C'est sur cette dernière option que portera ce chapitre. Dans bien des cas, je ne ferai que mentionner les noms de certains programmes, sans les détailler. Mais chaque fois, je vous indiquerai où vous renseigner pour en apprendre davantage.

Changer les processus de GRH

Nous avons déjà constaté que l'époque de l'équipe uniforme (même âge, même scolarité, même groupe culturel, même sexe, même...) était révolue. Pour aller de l'avant en matière de gestion des ressources humaines, il faut élargir ses horizons, voire changer la culture de l'organisation (nous parlerons de ce point dans le prochain chapitre). Voyons donc comment vous gérez l'embauche actuellement et révisons vos modes de fonctionnement. Pour ce faire, nous utiliserons le modèle de gestion des ressources humaines défini dans le livre *La perle rare : la trouver, la garder.* Ce modèle est présenté dans le graphique suivant.

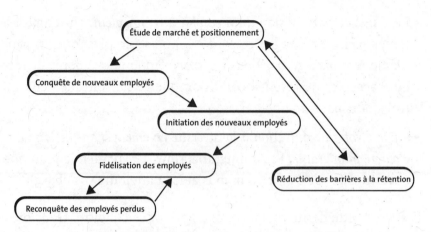

LA GESTION DES RESSOURCES HUMAINES EN SIX ÉTAPES

Dans un premier temps, une étude du marché de l'emploi est nécessaire. Vous devez non seulement connaître le nombre de chercheurs d'emploi dans votre communauté, mais également leurs compétences. Et si vous ne trouvez pas, dans votre région, les personnes compétentes dont vous avez besoin, vous devez alors trouver où vous pourriez les dénicher. Cela pourrait être dans une localité voisine, ailleurs au Québec, ailleurs au Canada ou partout dans le monde. Les professionnels d'Emploi-Québec peuvent vous aider à traverser cette étape et vous renseigner sur les salaires du marché correspondant aux compétences recherchées. Vous pouvez également consulter le Web, votre association sectorielle, etc.

VOTRE ASSOCIATION SECTORIELLE OU VOTRE REGROUPEMENT PROFESSIONNEL?

Pourquoi ne pas communiquer avec eux? Il est possible qu'ils puissent accélérer votre démarche. Ils ont peut-être déjà des programmes en place pour vous aider à faire face aux nouvelles réalités du marché du travail.

Par exemple, savez-vous que l'Ordre des comptables en management accrédités du Québec (CMA) a déjà un plan[9] ? L'Ordre a en effet signé une entente avec le MICC afin d'assurer la mise à niveau des professionnels étrangers susceptibles de venir relever des défis au Québec. Pour ce faire, une entente a été conclue avec trois universités québécoises ; celle-ci favorisera l'accès des étrangers à la profession. Pourquoi votre association ne ferait-elle pas de même ?

Dans un deuxième temps, une fois que vous connaissez bien le marché, vous devez partir à la recherche de nouveaux employés. Cette étape va de la prospection au recrutement, en passant par les entrevues, les tests psychométriques, etc. Ici, en vous ouvrant à la diversité, vous devrez modifier vos méthodes traditionnelles de recherche.

- *Élargissez votre bassin d'employés potentiels.* Il est bien entendu que si vous avez l'habitude de recruter en demandant à vos employés s'ils connaissent quelqu'un qui cherche un emploi, ils vous recommanderont des gens qui leur ressemblent ; si votre équipe est monoculturelle, elle le demeurera.

- *Passez à d'autres médias.* Si vous êtes en région et que vous publiez vos offres d'emploi dans l'hebdomadaire local, vous ne vous adresserez qu'au gens de votre communauté. Entrez plutôt en contact avec Immigration-Québec et faites part de votre intérêt envers la diversité culturelle.

- *Repensez la page « Carrière » de votre site Web.* Si cette page ne présente que des photos d'employés blancs, vous insinuez que c'est exactement ce que vous cherchez, et ceux qui ne correspondent pas à ce profil ne vous enverront pas leur CV.

- *Participez, dans les maisons d'enseignement, aux journées consacrées à l'emploi et aux employeurs.* Vous y rencontrerez une foule de candidats potentiels.

- *Redéfinissez le mot « compétence ».* Une personne compétente, c'est une personne qui peut faire le travail. Cela ne signifie pas qu'elle doit avoir étudié dans telle maison d'enseignement, avoir tant d'années d'expérience ou provenir de votre secteur d'activité.

- *Surfez sur le Web.* Allez faire un tour du côté de www.emplois-immigrants.com et consultez les CV de candidats immigrants. Consultez également le http://www.soiit.qc.ca.

- *En entrevue, restez conscient de vos préjugés.* Rappelez-vous que ce ne sont pas toutes les personnes qui aiment se vanter en entrevue ou qui se sentent immédiatement à l'aise avec un employeur potentiel. Ne recherchez pas uniquement les gens qui vous ressemblent.

- *Faites attention aux tests de sélection.* Ils peuvent être culturellement biaisés. Ainsi, vous vous imaginez peut-être que c'est partout dans le monde qu'on considère que le chiffre 13 porte malheur : ce n'est absolument pas le cas.

POURQUOI LE CHIFFRE 13 PORTE-T-IL MALHEUR ?

Cette idée d'un chiffre qui porte malheur est culturelle. On la retrouve dans les sociétés judéo-chrétiennes. Lors du dernier repas de Jésus-Christ, Judas Iscariote, celui qui allait le trahir, est arrivé le treizième à table. Depuis, certains pensent que, s'il y a 13 convives à un repas, l'un d'entre eux mourra dans l'année qui vient. C'est également pour cette raison qu'il n'y a pas de treizième étage dans les grands hôtels. De plus, la crucifixion de Jésus-Christ a eu lieu un vendredi. Bref, tout cela a donné mauvaise réputation aux vendredis 13.

Dans d'autres cultures, d'autres chiffres portent malheur. Au Japon, à cause de sa prononciation, le chiffre 4 est associé à la mort, et le chiffre 9 est associé à la douleur. Imaginez donc l'attrait du chiffre 49 dans cette culture ![10]

- *Ne présumez pas que quelqu'un qui s'exprime plus ou moins bien en français est nécessairement moins intelligent.* Aimeriez-vous qu'on vous prenne pour un simple d'esprit au terme d'une entrevue en anglais, alors que vous n'avez presque jamais l'occasion de parler cette langue? Ne faites pas la même chose aux autres.

- *Donnez la chance au coureur.* Rendez-vous service : faites le test. Faites confiance à cette personne, même si elle ne vous ressemble pas. Faites le saut dans la diversité individuelle !

Dans un troisième temps, il faut initier l'employé nouvellement embauché. Ce n'est pas parce que vous venez de sélectionner un candidat que ce dernier voudra nécessairement rester à votre service. À ce chapitre, la première journée d'un emploi constitue un véritable test. Le nouvel employé aura-t-il l'impression de faire partie de l'équipe dès le jour 1 ? Se sentira-t-il étranger dans son nouvel environnement de travail? Que dira-t-il à sa famille en rentrant du travail, alors qu'on lui demandera comment sa première journée s'est passée? Vous souhaitez sûrement qu'à ce moment, il se sente emballé. À cet effet, voyons comment maximiser les chances pendant cette étape cruciale qu'est l'intégration d'un nouvel employé.

- *N'assignez pas à un nouvel employé un mentor raciste.* C'est une bonne idée de confier tout nouvel employé à un mentor qui le conseillera et qui répondra à ses questions pendant son intégration au travail. Toutefois, c'est dangereux de confier un nouvel employé à quelqu'un qui n'est pas ouvert à la diversité culturelle. Prenez le temps de bien choisir vos mentors et offrez-leur la formation nécessaire.

- *Présentez le nouvel employé à tous ses collègues.* Et assurez-vous que ceux-ci le reçoivent avec des sourires francs. Il n'est pas question qu'on le regarde de haut, en cette première journée de travail.

- *Prenez le temps.* Plusieurs facteurs auront pour effet que ce nouvel employé n'apprendra pas nécessairement à la même vitesse que d'habitude. Il y a la barrière linguistique, la manière dont étaient faites les choses dans son pays d'origine, sans compter les rituels culturels en place chez vous, qui lui sont complètement nouveaux.

- *Racontez la petite histoire de votre organisation.* Il est intéressant que la recrue sache comment elle a grandi, les valeurs qui l'animent, pourquoi et comment elle rend service à ses clients, les événements majeurs qui l'ont marquée, etc. Vous ne le faites peut-être pas quand il s'agit d'embauches de personnes non immigrantes, mais c'est toutefois nécessaire dans un milieu de travail culturellement diversifié.

- *Élargissez votre vision du mot « intégration ».* Ce mot rime proba-blement, dans votre esprit, avec l'expression « intégration au tra-vail ». Si ce nouvel employé doit également s'intégrer dans une région qu'il ne connaît pas, une initiation à la région est égale-ment de mise. Trouvez quelqu'un, dans votre organisation, qui aura envie d'initier le nouvel employé aux particularités de sa nouvelle collectivité.

Dans un quatrième temps, il faut fidéliser les employés. C'est une nécessité si on ne veut pas que d'autres organisations en manque de main-d'œuvre ne viennent nous les chiper. Pour ce faire, on s'assure d'établir avec eux un lien professionnel qui va au-delà de la simple re-lation contractuelle. On doit s'adapter à eux, faire preuve de recon-naissance et d'ouverture, et développer de bonnes relations avec eux.

Dans un milieu de travail diversifié, cette étape doit également être adaptée. Voici quelques conseils à cet effet.

- *Pensez à la francisation.* Malgré tous vos efforts, tant que votre nouvel employé ne pourra pas communiquer avec ses collègues de travail, il continuera à se sentir à part. Faites de la francisation de ce nouvel employé une préoccupation organisationnelle. Informez-vous des programmes disponibles auprès de votre commission scolaire. Les problèmes de communication sont un rappel quotidien du fait qu'on ne fait pas partie de *la gang.*

- *Assouplissez vos normes.* Ce nouvel arrivant a peut-être des obligations dont vous n'êtes pas au courant. Il a peut-être des fêtes religieuses dont vous ignorez l'existence. Renseignez-vous et adaptez-vous. Nous y reviendrons au chapitre 8.

- *L'acceptation.* Accepter quelqu'un, ce n'est pas seulement le supporter. C'est l'apprécier tel qu'il est, avec ses particularités. Il est bien entendu plus facile d'accepter les particularités des gens qui nous entourent, puisque nous les partageons. Dans un milieu diversifié, l'acception prend une tout autre connotation : celle de l'acception malgré la différence.

- *Sensibilisez vos gestionnaires aux signes d'intolérance.* D'accord, les bons gestionnaires sont nécessaires en toutes circonstances, mais, dans un milieu de travail diversifié, ils le sont encore plus. Ils doivent reconnaître le langage ou les comportements abusifs et intervenir sans dresser les uns contre les autres. Une formation en gestion des conflits s'impose souvent.

- *Un vocabulaire inclusif.* Il n'y a rien comme le langage inclusif pour fidéliser les gens différents. C'est la raison pour laquelle il vaut mieux parler au « nous » dans un milieu multiculturel. Les phrases débutant par « On sait bien, vous autres, les... » ou « On n'est pas comme ça, nous autres... » ne sont pas de mise si on veut conserver ses recrues.

• *Ne cultivez pas les doubles standards.* Un travail satisfaisant est un travail satisfaisant. Vous ne pouvez pas trouver satisfaisant le travail de ce nouvel arrivant si vous ne l'accepteriez pas d'un autre employé. Si vous cultivez les doubles standards, vous créerez de l'insatisfaction parmi vos troupes. Vous devez donc vous attendre à la même qualité de travail de la part de tous, et vos gestionnaires doivent *coacher* de manière à atteindre cet objectif.

• *Ne laissez pas entendre que vous ne l'auriez pas embauché si les «vrais» employés n'étaient pas si rares.* Ce nouvel employé n'est pas une solution de rechange. Il est là pour faire le travail que vous attendez de lui. Il est content de vous aider à atteindre vos objectifs. Ce n'est pas un «sous-employé». Évitez donc les «on est ben obligé d'en engager pour pourvoir les postes…».

UNE SIXIÈME QUESTION QUIZ

Répondez par vrai ou faux à l'énoncé suivant: *Dans notre organisation, des activités sont régulièrement organisées afin d'initier les gens aux différentes cultures présentes dans nos équipes.*

Dans un cinquième temps, il faut tenter de reconquérir les employés perdus ou du moins vous doter d'outils vous permettant de découvrir pourquoi vous les avez perdus. Après tous les efforts investis jusqu'ici, vous devriez être désireux de savoir pourquoi vos nouveaux employés vous quittent. Une entrevue de départ est de mise dans chacun des cas. Vous devez découvrir pourquoi ils quittent leur emploi, ce qui a déclenché le sentiment de désillusion qu'ils ressentent et ce qui serait nécessaire pour qu'ils acceptent de rester chez vous.

Tant que vous ne comprendrez pas pourquoi un employé part, vous risquez d'en voir d'autres quitter leur emploi pour les mêmes raisons. Ne vous contentez pas de résumer la situation en vous disant « qu'ils ont de la difficulté à s'adapter ». Il y a peut-être des facteurs à l'œuvre dans votre organisation qui les poussent vers la porte.

Le problème, c'est que si leur distance au pouvoir est éloignée, ils hésiteront à dire leurs quatre vérités à vos gestionnaires et ils n'oseront pas vous confier les raisons pour lesquelles ils quittent leur emploi. Dans ce cas, il vaut mieux les inviter à discuter avec un professionnel qui ne fait pas partie de votre organisation et qui leur promettra la confidentialité.

Dans un sixième temps, finalement, l'équipe de direction devrait se rencontrer de temps à autre afin d'évaluer les raisons des départs de la dernière période. C'est le moment de se demander comment de tels départs pourraient être évités à l'avenir.

L'aide gouvernementale

Les immigrants reçus présentent un taux de chômage trois fois supérieur aux Québécois types, il est bien entendu que cela a retenu l'intérêt des instances gouvernementales qui ont pondu plusieurs programmes pour faire face à cette situation. Si vous vous sentez dépassé par les événements ou si vous aimeriez être accompagné dans votre démarche, sachez que de nombreux programmes peuvent vous faciliter la tâche.

Je dois cependant répéter cet avertissement: les programmes gouvernementaux changent et leur application n'est pas toujours uniforme d'une région à l'autre. Si un programme vous intéresse, communiquez avec les responsables locaux. Ils pourront vous indiquer ce qui a été modifié depuis la rédaction de ce chapitre.

Débutons par le **Programme d'aide à l'intégration des immigrants et des minorités visibles en emploi** (le PRIIME). Créé en 2005, le PRIIME est une mesure incitative qui vise à soutenir les petites et moyennes entreprises (PME) afin qu'elles embauchent des personnes immigrantes et issues des minorités visibles pour les postes qu'elles ont à pourvoir. Il a trois objectifs: inciter les PME à embaucher des travailleurs immigrants, permettre à ces nouveaux arrivants d'acquérir une première expérience de travail au Québec et favoriser le maintien en emploi de ces personnes.

Quatre activités sont admissibles au programme et chacune peut donner accès à une aide financière.

• La première activité, c'est *l'acquisition d'expérience en milieu de travail*. Ce volet vous permet d'accueillir une personne admissible dans un emploi à temps plein (minimum de 30 heures travaillées par semaine). Le salaire versé au nouvel employé peut être subventionné jusqu'à 50 % pendant un maximum de 30 semaines.

• La deuxième activité, c'est *l'accompagnement*. Comme il s'agit d'un premier emploi dans un contexte québécois pour ces personnes, il y a fort à parier qu'elles auront besoin d'un suivi personnalisé. À ce chapitre, le programme peut subventionner jusqu'à 100 % du temps passé par un employé de l'entreprise à aider le nouvel employé, à l'initier aux us et coutumes du Québec, à le familiariser avec l'environnement de travail, etc.

- La troisième activité, c'est *l'adaptation des outils et des pratiques de GRH*. Nous avons déjà vu que l'ouverture à la diversité peut exiger des changements en matière de pratiques de gestion des ressources humaines. Une aide financière est disponible à ce chapitre.

- La quatrième activité, c'est *l'adaptation des compétences au contexte de travail nord-américain*. Il se peut que ce nouvel employé possède une formation acquise ailleurs dans le monde, mais que cette formation doive subir une mise à niveau afin d'être vraiment applicable dans votre milieu de travail. Ces activités de formation peuvent être subventionnées.

Pour plus d'information sur le PRIIME, communiquez avec votre Centre local d'emploi (CLE). Financièrement, ce programme ne vous rendra pas riche; il compensera modestement vos dépenses d'intégration, mais pendant ce processus, vous aurez également la chance de développer vos habiletés de gestion d'une équipe multiculturelle, ce qui pourrait vous conférer un véritable avantage concurrentiel dans le marché du travail de demain. De plus, les professionnels du CLE sont en mesure de vous prodiguer des conseils qui amélioreront fortement vos chances de réussite pendant tout le processus. Pourquoi vous en priver?

Si le candidat que vous trouvez n'est pas admissible au PRIIME, d'autres subventions salariales sont disponibles par le biais d'Emploi-Québec. Le ministère de l'Immigration et des Communautés culturelles du Québec vous offre également une panoplie de services en gestion de la diversité. Utilisez-les!

Et que faire, enfin, si vous trouvez la perle rare dont vous avez absolument besoin, mais que cette personne vit à l'étranger? Il n'existe pas de programme pour vous aider, mais il y a une démarche en 4 points à suivre pour l'embaucher de manière temporaire.

1. *Vérifier s'il faut un AMT.* Un AMT est un avis relatif au marché de l'emploi émis par Service Canada. Le premier souci des gouvernements est de ne pas mettre notre économie en péril. Vous ne recevrez pas la permission d'embaucher un travailleur étranger s'il y a, au Canada, de nombreuses personnes sans emploi qui pourraient pourvoir le poste. Sachez que certaines professions échappent à de ce processus.

2. *Faire une demande d'AMT.* En demandant un AMT, vous devrez prouver que vous avez déployé des efforts pour recruter ou former des Canadiens ou des résidents permanents canadiens disposés et disponibles au travail, que les salaires que vous offrez sont conformes aux conditions correspondant actuellement au type d'emploi visé dans votre région, que les conditions de travail se rapportant à l'emploi visé sont conformes aux normes du travail provinciales actuelles et vous devrez mentionner tout avantage potentiel que peut avoir l'embauche du travailleur étranger sur le marché du travail canadien (création d'emplois, transfert de compétences et de connaissances, etc.).

3. *Demander un permis de travail.* Si la réponse à votre demande d'AMT est favorable, vous devrez faire parvenir la documentation à l'employé potentiel qui devra maintenant demander et obtenir un permis pour travailler temporairement au Canada.

4. *Prévoir l'arrivée au Canada.* Il ne reste plus au nouvel employé qu'à entrer au Canada avec les documents nécessaires (passeport, contrat d'emploi signé, copie de l'AMT favorable, preuve de scolarité, etc.). La liste des documents nécessaires variera selon le type de travail et selon le pays d'origine du nouvel employé.

Pour plus d'information, n'hésitez pas à communiquer avec les bureaux de Citoyenneté et Immigration Canada ou de Service Canada. Leurs professionnels sont là pour vous aider.

Vous doutez toujours ?

Dans ce cas, je vous encourage à vous inscrire à une formation portant sur la gestion de la diversité ou, mieux encore, à demander à votre chambre de commerce d'organiser une rencontre de formation sur le sujet. Le meilleur format d'un tel événement se présente en trois étapes.

1. Une présentation d'un « expert » reconnu en ce domaine. Sa tâche sera non pas de convaincre l'auditoire, mais bien de lui donner le savoir pour bien apprécier le témoignage de l'intervenant suivant.

2. Le témoignage d'un entrepreneur local ayant fait le saut et y ayant trouvé son compte. Plus le témoignage sera local, mieux ce sera. Les entrepreneurs québécois en région se reconnaissent mal dans le dirigeant montréalais d'une succursale liée à une multinationale.

3. Une période d'échange entre les deux conférenciers et les participants.

Le simple fait de réaliser que des entrepreneurs de votre région ont déjà, avec succès, embrassé le concept de la diversité vous amènera à vous lancer dans l'action. Les universitaires ou les consultants, c'est bien, mais la réalité régionale, c'est mieux.

Si votre chambre de commerce n'a rien de prévu à cet effet, communiquez avec le Centre local de développement (CLD), la Société d'aide au développement des collectivités (SADC) ou votre association sectorielle. Vous aurez bien un congrès, d'ici un an, qui traitera de cet aspect.

Ne vous gênez pas. Ces gens sont là pour vous aider, mais pour ce faire, ils doivent connaître vos préoccupations. N'allez pas supposer qu'ils peuvent deviner ce qui se passe dans votre tête. Communiquez-leur vos besoins. Ils y répondront.

Ne faites pas cavalier seul

Je visitais récemment une Agence de la santé en région et un directeur d'hôpital m'a expliqué, avec la plus grande fierté, qu'il venait de convaincre un médecin marocain de se joindre à son équipe. Évidemment intéressé à en apprendre plus, je lui ai demandé si cela avait nécessité beaucoup d'efforts.

« Oui, a-t-il répondu, mais je pouvais compter sur un allié de taille : le Carrefour jeunesse-emploi (CJE) de ma région. Ils ont été capables, en moins d'une semaine, de trouver un emploi à la conjointe du médecin. Dès lors, c'était dans la poche. Si ça n'avait pas été fait, je perdais un excellent candidat. »

Savez-vous pourquoi les nouveaux arrivants s'installent majoritairement à Montréal ? Parce qu'ils peuvent y côtoyer des gens qui leur ressemblent. De plus, ils ne sont pas dupes. Ils savent qu'au Québec le taux de chômage est trois fois plus important chez les immigrants. Si vous êtes en région et que vous vous contentez de les rassurer en leur disant que leur partenaire de vie trouvera sans problème un emploi à sa mesure, vous risquez qu'ils vous disent non. Faites le travail à leur place.

L'ATTRAIT DE LA MÉTROPOLE

Le ministère de l'Immigration et des Communautés culturelles nous apprend qu'entre 2002 et 2006, seulement 17,8 % des 170 234 immigrants reçus se sont installés hors de la région métropolitaine de Montréal. Ajoutons à cela le fait que beaucoup de jeunes quittent les régions pour la grande ville, et il devient facile de réaliser que, pour les régions, le défi lié au recrutement et à la rétention est encore plus grand.

Remarquez qu'il s'agissait tout de même d'une amélioration. Des 104 937 immigrants reçus au Québec entre 1996 et 2000, seulement 16,4 % s'étaient installés hors de la région métropolitaine de Montréal.

Faites travailler votre réseau. Appelez vos contacts de la Chambre de commerce ou vos fournisseurs et clients locaux. Demandez-leur s'ils ont des postes à pourvoir et dites-leur que vous avez quelqu'un à leur suggérer.

Joignez les organismes à vocation sociale et économique. Mon directeur d'hôpital a eu la présence d'esprit d'appeler au CJE. Il y a aussi les centres locaux d'emploi, les centres locaux de développement, votre municipalité. Montréal compte même sur le Centre d'aide aux nouveaux arrivants. Ne demeurez pas seul avec vos problèmes.

Les gens ne cherchent pas uniquement un emploi ; ils souhaitent trouver une communauté où faire leur vie. Faites la preuve que la vôtre se tient et que tous ont hâte de les voir. On réussit toujours mieux quand on compte sur les autres, quand on ne fait pas cavalier seul. Des personnes-ressources peuvent vous aider. N'hésitez pas à recourir à leurs services.

UNE SEPTIÈME QUESTION QUIZ

Répondez par vrai ou faux à l'énoncé suivant : *Dans notre organisation, tous les superviseurs savent que la diversité nous apportera un avantage concurrentiel certain.*

Chapitre 6

Comment créer une organisation multiculturelle

La meilleure façon de prédire l'avenir, c'est de le créer.
Peter Drucker

De même qu'il ne suffit pas de mettre quelques personnes ensemble pour former une équipe, ce n'est pas parce que vous embauchez un ou deux immigrants que votre organisation est pour autant devenue multiculturelle. Tant que vous entendrez des commentaires comme « On en a un à l'expédition, et il est facile à reconnaître : il a un rouleau de papier de toilette sur la tête », c'est que votre entreprise est toujours monoculturelle... Et vous courrez le risque de perdre vos recrues sitôt qu'elles en auront assez de se faire traiter comme des étrangers.

UNE HUITIÈME QUESTION QUIZ

Répondez par vrai ou faux à l'énoncé suivant : *Dans notre organisation, nous avons identifié les compétences qui permettent de favoriser le développement harmonieux d'un milieu diversifié.*

La crainte de la différence : une dixième dimension culturelle ?

Si vous aviez la chance de faire le tour du monde et de constater ce qui se produit quand une personne étrangère se joint à une organisation, vous remarqueriez que les groupes ne se ressemblent pas du tout sur ce point. Il y a des groupes plus ouverts à la diversité, et d'autres plus hostiles. Qu'est-ce qui différencie ces deux groupes ? Deux hypothèses sont à envisager.

Une première hypothèse : cela dépendrait du **degré d'estime personnelle présent dans un groupe.** Il semblerait, en effet, qu'un groupe présente une estime de lui-même, tout comme un individu. Quand cette estime est suffisamment forte, les membres du groupe sont ouverts et curieux par rapport aux idées nouvelles, aux nouvelles façons de faire et aux nouvelles possibilités. Tant qu'un groupe croit en ce qu'il est et en ses capacités, il n'a pas peur de l'inconnu.

À l'inverse, les groupes souffrant d'une faible estime d'eux-mêmes, qui ont peu confiance en ce qu'ils sont et en leurs capacités, ont tendance à se refermer sur eux et à offrir de la résistance lorsqu'ils sont appelés à faire face à quelque chose de différent. Les groupes fermés sur eux-mêmes présenteraient une plus faible estime de ce qu'ils sont.

Or, qu'avons-nous vécu, au Québec, au cours des derniers cente-naires ? Il y a eu la Conquête et l'assujettissement aux Britanniques. Nous étions vaincus et nous nous sommes repliés sur nous-mêmes. L'Église catholique nous a aidés en ce sens, en refusant aux immi-grants l'accès à l'école catholique. Plus tard, le climat politique a fait en sorte que les élites n'ont pas favorisé l'apprentissage d'autres langues. Finalement, à la fin des années 60, les deux tiers de l'éco-nomie étaient dominés par les anglophones. Il nous restait alors à jouer les employés. Un peu plus tard, l'Église sera mise de côté, rem-placée par l'État québécois. Mais le sentiment de dépendance légué par les années de *noirceur* ainsi que les attraits de la victimisation ont peut-être fait en sorte que nous n'avons pas, aujourd'hui, suffisam-ment confiance en ce que nous sommes pour faire face sereinement à ceux qui ne nous ressemblent pas.

Selon cette hypothèse, les peuples vainqueurs accueilleraient plus facilement les gens différents, grâce à leur assurance de pouvoir res-ter eux-mêmes face à l'Autre.

Une deuxième hypothèse : **la propension à éviter le risque**, soit une autre dimension culturelle. Certains peuples seraient plus ouverts au risque, tandis que d'autres tenteraient de l'éviter à tout prix, selon Geert Hofstede. Voyons de quoi il en retourne.

Vous êtes dans une ville inconnue et vous avez perdu votre chemin. Qu'est-ce qui vous conditionnera à demander ou pas votre route à un passant ? La probabilité, dans votre esprit, qu'il puisse être mal-veillant à votre égard. Vous êtes en entreprise et vous pensez avoir droit à une augmentation de salaire. Quel principal facteur vous poussera à demander cette augmentation ou, au contraire, à vous taire ? La probabilité, dans votre esprit, que votre patron accueille fa-vorablement ou défavorablement votre requête.

Nous sommes constamment en train d'évaluer les conséquences possibles de nos gestes. Notre réaction face à l'incertitude aura un impact certain sur nos gestes futurs, selon que l'incertitude nous paralyse ou nous pousse à l'action.

Dans certaines sociétés, la tendance à éviter le risque sera plus marquée, tandis que dans d'autres, elle sera limitée. D'où cela vient-il ? Dans un premier temps, de notre enfance.

Quel message vous a été transmis pendant que vous grandissiez : que le monde était bon ou qu'il était dangereux ? Deviez-vous faire confiance au monde ou vous en méfier d'emblée ? Pouviez-vous vous lancer dans vos projets ou valait-il mieux attendre d'être certain que « ça marche » ?

Dans les familles où on enseigne qu'il faut craindre ce qui est différent, on apprend également qu'il faut éviter l'ambiguïté dans la vie et qu'il faut suivre de près les enfants afin qu'ils fassent ce qui est bien. Dans ces sociétés, on apprend aussi aux enfants que les professeurs ont nécessairement raison.

Dans les familles où on enseigne qu'il faut s'intéresser à ce qui est différent, les enfants apprennent à composer avec les aléas de la vie et ils ont la latitude pour découvrir ce qui est bien et ce qui ne l'est pas. Dans ces sociétés, on apprend aux enfants qu'un bon professeur n'a pas toutes les réponses.

Où se situe le Québec au palmarès des nations à ce chapitre ? Selon Hofstede, les pays présentant la plus grande propension à éviter l'incertitude sont la Grèce, le Portugal, le Guatemala et l'Uruguay. Ces pays occupent les quatre premiers rangs.

En fin de palmarès, on retrouve le Danemark au 72e rang, la Jamaïque au 73e et Singapour au 74e. Les populations de ces pays seraient celles qui sont le plus à l'aise à l'égard de ce qui est différent.

Entre ces deux extrêmes, on retrouve la Russie au 7e rang, Israël au 28e, l'Italie au 33e, l'Allemagne au 43e, le Québec au 46e rang, le Canada au 60e rang, les États-Unis au 62e rang et l'Inde au 64e rang. C'est donc dire que les Québécois craignent davantage ce qui est différent que les Canadiens en général.

Y a-t-il un lien entre le degré de bonheur d'un peuple et son attitude par rapport à ce qui est étranger, incertain ou ambigu ? Il semblerait que oui. Selon le World Values Survey, une organisation internationale tentant de comprendre l'évolution des valeurs socioculturelles et politiques, il y aurait une corrélation négative entre le degré de bien-être subjectif d'une population et sa crainte de l'incertitude. Plus une population craint ce qu'elle ne connaît pas, moins elle est heureuse.

Quel impact cette dimension peut-elle avoir au travail ? Mis à part le fait que les organisations les plus mal à l'aise avec l'inconnu seront plus bureaucratisées (parce qu'il faut prévoir tout ce qui pourrait arriver), on y retrouvera également une plus grande fermeture vis-à-vis des nouveaux arrivants et une moins grande capacité à innover.

Rendre une organisation multiculturelle, c'est la faire passer d'un état dans lequel on craint les gens différents à un état dans lequel on apprécie la différence. Il existe de nombreux modèles permettant d'y arriver. Je vous présenterai celui de Taylor Cox Jr., lequel est axé autour de cinq éléments qui constitueront le plan de ce chapitre.

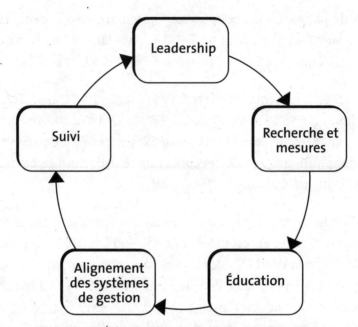

LES CINQ CLÉS D'UNE ENTREPRISE MULTICULTURELLE

Le premier élément : le leadership

Vous voulez saboter un projet de changement ? Rien de plus simple : dites que c'est important, mais ne faites rien pour le démontrer. En matière de diversité, il ne suffit pas de dire que vous souhaitez que votre entreprise devienne vraiment multiculturelle. Vos gestes quotidiens doivent en faire la preuve.

Qu'est-ce que le leadership ? C'est d'abord la capacité de tracer les grandes lignes d'un avenir souhaitable pour l'organisation, puis de transmettre aux troupes l'envie de contribuer à la réalisation de cet avenir. Cette capacité va bien plus loin que le simple affichage de slogans (*La diversité nous rend meilleurs*, *Misons sur les forces de chacun*, etc.) sur les murs de l'organisation. Elle doit s'adresser à la tête et au cœur de chaque employé. Voyons ce qu'il en est.

Pour qu'une organisation devienne vraiment multiculturelle, ses leaders doivent s'impliquer. Il ne suffit pas de dire que le dossier de la diversité est important et de le confier à un sous-comité : il faut devenir un exemple pour toutes les personnes impliquées.

Qu'en est-il de vous ? Avez-vous fait suffisamment d'introspection pour découvrir vos propres préjugés et ainsi éviter les comportements discriminatoires ? Quand vous vous adressez à vos troupes, vous exprimez-vous encore en vous référant à « nous » et à « eux », ou simplement à un « nous » général et inclusif ? Votre humour est-il quelquefois douteux ? La meilleure manière de devenir un exemple à ce chapitre est de suivre une formation de base afin de découvrir quels comportements sont à bannir si vous souhaitez que la diversité puisse vous apporter tous ses bénéfices.

Mieux encore, si vous tenez vraiment à ce que le message passe, assurez-vous d'être présent et de dire quelques mots au début et à la fin de chaque session de formation, de manière à manifester votre égard pour la diversité. Du seul fait de votre présence, vous communiquez que le sujet vous importe vraiment. Si cela vous est impossible parce que vos troupes sont éloignées géographiquement ou que votre horaire vous en empêche, tournez un clip vidéo qui sera présenté au début et à la fin de chaque formation.

Une fois que vous êtes devenu en quelque sorte un exemple, il faut maintenant mettre le changement en branle. La vraie ouverture à la diversité vous amènera à changer les attitudes, les croyances et les comportements des membres de votre organisation. C'est un travail de longue haleine qui nécessitera la création d'un comité spécial. Idéalement, ce comité devrait réunir des décideurs et des employés respectés dans l'organisation, et désireux de s'impliquer. Même si ce n'est pas toujours possible au début, il devrait inclure des gens provenant d'origines diverses. Si votre comité chargé de la promotion de la diversité n'était composé que d'hommes dans la quarantaine ayant fait leurs études à l'école des HEC et occupant un poste dans votre organisation depuis au moins cinq ans, quel message cela enverrait-il ?

La diversité devrait également faire partie des éléments traités lors de vos séances de planification stratégique. C'est tout à fait normal. À cause des nombreuses raisons présentées depuis le début de ce livre (raréfaction du personnel, clientèle de plus en plus diversifiée, meilleure prise de décision, etc.), cette dimension doit être intégrée à la majorité des stratégies d'affaires. Ce n'est plus une option. De plus, pourquoi ne pas modifier votre mission organisationnelle afin de refléter cette nouvelle préoccupation ? Le Québec change, le monde des affaires change, et ceux qui refusent de changer disparaîtront.

Et si vous vous préoccupez de cette nouvelle réalité à l'occasion des séances de planification, vous devrez en tenir compte au moment de préparer vos activités. Il serait donc souhaitable qu'un signe d'ouverture à la diversité soit intégré à votre tableau de bord et que le sujet soit traité au cours des rencontres du conseil d'administration ou du comité de gestion.

Enfin, entrez en relation, communiquez avec tous vos coéquipiers ! Ce n'est pas par fantaisie que vous vous ouvrez à la diversité : c'est une question de survie. Tous les membres de votre organisation doivent comprendre qu'il y a un lien direct entre la capacité à devenir multiculturel et la pérennité de l'entreprise. Ces efforts n'ont pas tant pour but d'amener les membres de la majorité à s'adapter aux membres de la minorité, mais de faire en sorte que tous puissent travailler ensemble afin de relever les défis de la nouvelle économie. Chacun doit prendre conscience du fait que son propre emploi est lié à la capacité du groupe à embrasser la différence.

Les initiatives d'ouverture à la diversité ne peuvent pas être générées à partir du bas de la pyramide organisationnelle, car elles auront besoin de financement; elles rencontreront de la résistance; elles susciteront aussi quelques sarcasmes. En fait, si l'exemple ne vient pas d'en haut, les chances de succès seront à peu près nulles. Un vrai leader sait choisir ses combats. Il s'investit là où cela importe et il ne craint pas de répéter *ad nauseam* les messages qui contribueront à changer les mentalités.

UN RAPPEL IMPORTANT

Bien que je traite de multiculturalisme dans ce chapitre, il est évident que le modèle peut s'appliquer à toutes les formes de diversité. Il vaut autant pour les relations homme-femme que pour les relations entre personnes issues de différentes générations.

Adaptez ces messages à votre propre réalité. Votre équipe sera alors de plus en plus multicolore; il ne vous sert à rien de gérer en daltonien.

Le deuxième élément : la recherche et les mesures

Pour améliorer les chances de succès de votre rencontre annuelle, vous avez embauché un motivateur capable de soulever la foule, mais, deux semaines plus tard, vous étiez incapable de dire si son intervention avait réellement changé quelque chose au sein de votre organisation.

Ce qui se mesure mal s'évalue mal. C'est bien beau d'énoncer de beaux principes, mais si vous ne pouvez pas évaluer les résultats de vos efforts d'ouverture à la diversité ou en justifier le besoin, vous aurez de la difficulté à faire approuver les budgets que vous désirez leur consacrer. En effet, qui vous dit que votre entreprise n'est pas déjà un modèle en la matière? Si tel est le cas, les efforts que vous investirez dans ces programmes ne serviront pas à grand-chose.

La mise en œuvre de tout programme d'envergure devrait être précédée d'une évaluation des besoins et de la sélection des indicateurs de performance qui permettront d'en évaluer le rendement. C'est ce besoin que vise à combler ce deuxième élément.

L'analyse préliminaire constitue la première étape. Elle servira à déterminer si un besoin d'intervention existe et, si cet aspect est concluant, à convaincre la direction d'allouer les fonds pour une première intervention.

UNE SUPPOSITION

Je suppose évidemment, ici, que vous connaissez bien votre organisation et son marché, que vous savez, par exemple, combien de gens prendront probablement leur retraite ces prochaines années, combien vous en perdrez et combien d'employés potentiels votre région attirera. Cette analyse précède l'analyse préliminaire dont il est question dans cette section.

Mais qu'allez-vous évaluer? Un bon audit du climat multiculturel devrait au moins tenir compte des éléments suivants:

• La propension des membres de l'organisation à entretenir une opinion négative des membres d'autres communautés culturelles. Ce pourcentage devrait baisser au fil des interventions.

- Le pourcentage d'employés entretenant et communiquant des stéréotypes.

- La fréquence des conflits entre différents groupes de travail.

- La tendance à rester entre personnes qui se ressemblent lors des pauses ou n'importe quand au cours de la journée.

- La qualité des relations informelles entre les gens de différentes communautés.

- Le pourcentage de personnes qui se sentent isolées du grand groupe.

- La distribution du pouvoir selon l'origine culturelle des gens.

- Le degré de satisfaction à l'égard des gestionnaires.

Ces éléments sont souvent évalués à l'aide de sondages anonymes ou de rencontres individuelles avec un consultant. Vous pouvez également, pour que ce premier travail vous soit encore plus profitable à long terme, y joindre d'autres indicateurs disponibles auprès de la direction des ressources humaines, tels que le taux d'absentéisme, le taux de rétention de l'organisation, le profil culturel de la main-d'œuvre en place, les dépenses découlant de la gestion des plaintes pour discrimination au cours de l'année, etc.

Ensuite, à intervalles réguliers, vous procéderez à une **analyse de suivi**. Celle-ci visera à déterminer de quelle façon chacun de ces indicateurs évolue au fil des ans. Vous pourrez également, avec le temps, déterminer comment les nouveaux arrivants s'intègrent dans votre organisation. Il existe trois modes.

En premier lieu, il y a la **ghettoïsation**. Dans ce mode d'intégration, les différents groupes culturels travaillent en parallèle, sans se parler et sans se mêler les uns aux autres. C'est le mode d'intégration le plus susceptible de générer des conflits.

Vient ensuite **l'assimilation**. Dans ce mode d'intégration, les membres du groupe minoritaire acceptent de perdre leur identité propre pour se fondre dans la culture du groupe dominant. Ce mode d'intégration peut sembler idéal pour le groupe dominant, mais il n'en est rien. En assimilant les autres, il se prive de la richesse particulière que ces derniers peuvent apporter au groupe majoritaire comme à l'organisation.

En troisième lieu, il y a le **pluralisme**. Dans ce mode d'intégration, les groupes, qu'ils soient minoritaires ou majoritaires, apprennent à apprécier leurs différences respectives et se révèlent même curieux de comprendre ce qui anime l'autre. C'est le mode d'intégration maximal. Nous y reviendrons plus tard quand il sera question de la métaphore du ragoût.

Soyez à l'affût de ce qui se passe dans votre organisation. Vous devriez idéalement viser le pluralisme. Avec le temps, au fil des interactions, une nouvelle culture jaillira. Ce ne sera pas celle du groupe dominant ni celle des groupes minoritaires : ce sera celle de votre organisation.

Vous en viendrez aussi à raffiner votre évaluation. Vous découvrirez les spécificités relatives à votre région et au profil des membres de votre équipe. Vous découvrirez quels indicateurs sont essentiels et lesquels sont accessoires compte tenu de ce que vous êtes tous devenus.

Un dernier conseil concernant la recherche et les mesures. Ces informations ne sont pas faites pour être colligées puis publiées dans un rapport qui ne sera pas lu ou qui sera prestement rangé sur une tablette. Ce serait du gaspillage.

Au contraire, communiquez vos résultats directement à vos employés ou collègues. Faites connaître vos avancées et vos moins bons coups. Ne soyez pas avare, car si vos employés ou collègues ne sont pas tenus au courant, ils penseront que cette ouverture à la diversité était une diversion, une lubie temporaire qui aura déjà fait son temps. Vous laisseriez passer ainsi une occasion inestimable créée par vos efforts de leadership en la matière.

Le troisième élément : l'éducation

Puisqu'une grande partie des problèmes liés à la diversité sociale et culturelle provient de préjugés ou de la méconnaissance des autres, il sera plus facile de rendre les gens capables de travailler ensemble si on vient à bout de ces préjugés. Cependant, changer les attitudes et les mentalités prend un certain temps. Vous pouvez certes faire comprendre le théorème de Pythagore à un groupe en moins d'un après-midi, mais ne vous attendez pas à le libérer de ses préjugés aussi vite. Et comme les gens n'apprennent pas tous de la même manière, il n'est pas certain que la meilleure formation au monde aura un impact sur tous les membres de votre équipe. En matière d'ouverture à la diversité, hâtez-vous lentement.

Pour bien présenter ce troisième élément, nous procéderons en trois étapes. Nous débuterons par la formation que tous les membres de votre organisation devraient suivre (cela vous inclut, naturellement !).

Ensuite, nous traiterons des besoins d'une formation plus avancée pour vos gestionnaires, de même que des outils de formation les plus efficaces en matière d'ouverture à la diversité.

1. Le tronc commun

Le graphique ci-contre présente les quatre éléments sur lesquels la formation doit porter, pour avoir un impact sur l'ouverture à la diversité des membres d'une organisation. Présentons brièvement ces éléments avant d'aller plus loin.

Tant qu'il n'a pas de mot pour définir quelque chose, l'être humain a de la difficulté à l'appréhender. Par le mot **Savoir** du graphique, on entend les connaissances nécessaires à une meilleure compréhension d'une chose, en l'occurrence la problématique de la diversité au travail. On peut classer cet élément de la formation en **3 composantes** :

1. *Une compréhension systémique des avantages liés à l'ouverture à la diversité au travail.* Pourquoi est-ce nécessaire ? N'étions-nous pas mieux avant ? Qu'est-ce que ça donne de mettre des efforts là-dedans ? Le graphique suivant, en liant le degré d'ouverture à la diversité aux impacts personnels et organisationnels, peut présenter un bon point de départ. Mentionnons que plus les faits que vous apportez seront liés à la réalité régionale, plus ils auront un impact sur les personnes impliquées.

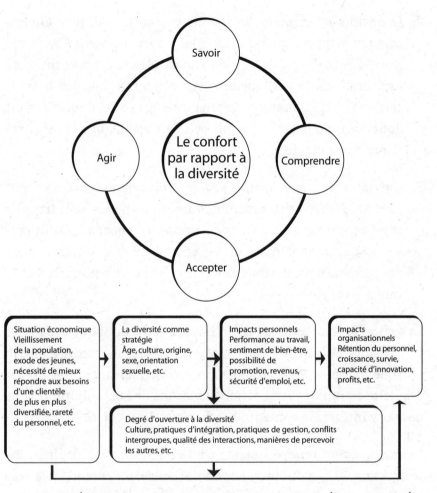

LE MODÈLE DE BASE POUR FAVORISER L'OUVERTURE À LA DIVERSITÉ

Une activité pertinente liée à ce graphique serait de demander aux participants quels seront les impacts personnels et organisationnels si l'ouverture à la diversité s'améliore ou se détériore dans l'organisation. On peut même aller plus loin et se questionner sur les impacts régionaux en tenant compte du taux de chômage local et des prévisions concernant l'évolution de la main-d'œuvre active.

2. *La capacité de reconnaître les stéréotypes pour ce qu'ils sont.* Qu'est-ce qu'on suppose quand on a à faire avec des vieux? Avec des jeunes? Avec des gais? Avec des Français? Avec des autochtones? Avec des... Est-ce vrai que ceux qui parlent moins bien le français sont nécessairement moins intelligents? Ce moment est donc idéal pour présenter un peu de vocabulaire: âgisme, racisme, xénophobie, etc.

3. *Une meilleure compréhension des nouveaux arrivants.* «Ce ne sont pas tous des terroristes incultes refusant d'apprendre le français et ne pensant qu'à profiter de l'aide sociale pendant qu'ils préparent leur prochain attentat», entends-je dire souvent. Ainsi, dressez plutôt un portrait exact de la réalité des nouveaux arrivants.

La section **Savoir** demande peu d'implication émotive de la part des participants. L'objectif de cette section consiste à les mettre à niveau afin que tous puissent s'attaquer aux sections suivantes avec un vocabulaire commun et une vision commune de l'organisation. Vous pouvez y intégrer le contenu des chapitres 1 et 2 de ce livre.

La section **Comprendre**, quant à elle, les amènera à faire plus d'introspection, puis à discuter. Par **comprendre**, on entend ici la réalisation du fait que nos attitudes face aux autres sont le résultat de nos expériences passées et des sources d'influence qui nous ont entourés. C'est ici qu'on présente le contenu des chapitres 3 et 4. Vous vous rappelez mon attitude la première fois que j'ai traversé l'Ontario. En tant que participant, c'est à ce stade de la formation que je partagerais l'anecdote avec mes collègues. Cette section peut être déclinée en deux étapes.

1. *La réalisation qu'on devient ce qu'on vit.* En conséquence, si les gens ne partagent pas vos points de vue, c'est qu'ils n'ont pas vécu les mêmes choses que vous. Ce n'est pas parce qu'ils sont bizarres ou débiles. De même, vos propres comportements peuvent leur sembler très douteux. On devient ce qu'on vit, et vous ne pourrez jamais imposer l'ensemble de vos façons de penser à quelqu'un qui n'a pas vécu les mêmes choses que vous.

2. *Le développement de l'empathie.* L'empathie, c'est la capacité de se mettre à la place de l'autre. À ce stade de la formation, il devient plus facile de comprendre que certains de nos comportements peuvent avoir un impact négatif sur le plaisir des autres à travailler avec nous. Notre sens de l'humour et notre degré de tolérance à l'égard de ceux qui sont différents peuvent avoir un impact énorme sur le climat de travail.

UNE ACTIVITÉ INTÉRESSANTE

Vous pouvez, à cette étape, demander aux gens d'une même origine de se rencontrer une dizaine de minutes et de découvrir tout ce qui les différencie (goûts musicaux, passe-temps, etc.) Formez ensuite des groupes diversifiés et demandez aux gens de se trouver des points en commun.

La leçon d'une telle activité : les gens qui nous ressemblent ne sont pas forcément ceux qu'on imagine.

La troisième section s'appelle **Accepter**. Accepter, c'est prendre les autres comme ils sont et cesser de vouloir leur imposer ce que nous sommes. C'est la compréhension et la reconnaissance que chacun a droit à ses particularités et que personne n'a à s'adapter à un moule unique pour faire partie de l'organisation. C'est également respecter l'autre et cesser de voir ce dernier comme un inférieur du seul fait qu'il est différent. C'est aussi la capacité d'accueillir un point de vue différent du nôtre, au lieu de traiter l'autre de tous les noms. Le respect, naturellement, doit être bilatéral : ce n'est pas parce que j'accepte l'autre que je dois renoncer à qui je suis.

Enfin, la quatrième section du tronc commun s'appelle **Agir.** Agir, c'est concrétiser par des gestes tout ce qui a été vu et vécu jusque-là, au cours de la formation. C'est devenir meilleur pour interagir avec une personne différente. Il s'agit d'une étape cruciale de la formation, puisqu'elle aura un impact direct sur les résultats mesurables de la démarche. Sans changement de comportement, il ne peut pas y avoir amélioration du climat de travail ou de l'ouverture à la diversité. Les objectifs de cette section sont multiples :

- apprendre à chacun à se sentir responsable de ses comportements ;
- apprendre à penser avant de réagir ;
- apprendre à gérer de manière proactive les conflits, en s'attaquant aux faits plutôt qu'aux individus ;
- apprendre à communiquer en adaptant son vocabulaire et son débit afin de maximiser les chances que l'interlocuteur comprenne ;
- apprendre à intervenir lorsqu'un comportement irrespectueux survient au travail.

L'avantage de cette approche, c'est que ses impacts sont mesurables parce qu'ils se traduisent en comportements observables. Si ce type de formation est mené rondement, l'impact sur le climat de travail sera palpable.

Ce type de formation peut généralement être donné en trois séances. Parce que le changement d'attitude prend du temps et ne doit pas être précipité, il vaut mieux débuter avec une première rencontre moins « confrontante » et terminer la séance avec du contenu d'ordre plus pratique. Il peut être contre-productif de bousculer les choses. Ne tentez pas de modifier les comportements avant d'avoir fait grandir la capacité d'introspection, l'empathie et le degré d'ouverture à la diversité de vos employés ou collègues. Vous rencontreriez trop de résistance.

En matière de diversité, surtout, la formation uniquement magistrale est à déconseiller. Pour bien apprendre et faire l'introspection nécessaire, les adultes ont certes besoin de la théorie d'un spécialiste, mais ne négligez pas les besoins de discuter, de travailler, de rire et de jouer. Favorisez les discussions, les études de cas, les jeux de rôles, les simulations et les tests personnels.

Les groupes ne devraient pas être trop nombreux. Visez 24 participants ou moins. Passé ce nombre, il arrive que des gens ne puissent pas intervenir, ce qui réduit la qualité des résultats. En fait, visez les groupes les plus diversifiés possibles.

2. Les besoins particuliers des gestionnaires

Parce qu'ils devront faciliter le développement de nouveaux comportements et favoriser l'ouverture à la diversité dans votre milieu de travail, les gestionnaires devraient recevoir une formation plus poussée qui leur permettra tout ce qui suit :

• Confronter de manière salutaire les employés qui font preuve de discrimination au travail. Le meilleur temps pour intervenir, c'est tout de suite après l'événement. C'est au gestionnaire immédiat qu'il revient de le faire, et celui-ci doit être en mesure de le faire avec tact.

- Connaître les orientations du service des ressources humaines afin de mieux pouvoir les expliquer. Par exemple, y aura-t-il un programme de discrimination positive au sein de l'organisation ? Si oui, comment le justifier quand un employé membre du groupe majoritaire s'en plaint ? Etc.

LA DISCRIMINATION POSITIVE

Il y a discrimination positive lorsque, à compétence égale, on embauche les gens faisant partie de groupes ayant été discriminés par le passé plutôt que les gens non discriminés. Dans une municipalité, par exemple, le service de police pourrait avoir pour objectif d'être représentatif de la population servie. Si cette population compte pour 25 % de personnes noires, on pourrait décider de n'embaucher que des Noirs jusqu'à ce que la proportion souhaitée soit atteinte.

- Connaître les aspects légaux liés à la diversité.

- S'initier aux éléments pouvant indisposer certaines personnes. Certaines personnes ne peuvent pas être touchées, même par de proches collègues. Autre exemple : une photo érotique collée sur une case mettra mal à l'aise un collègue de mœurs différentes. Les exemples abondent.

- S'adapter aux gens, en fonction de la distance qui les sépare de l'autorité en place. Nous en traiterons au cours du prochain chapitre.

Puisqu'ils serviront de courroie de transmission entre les objectifs de votre programme et leur concrétisation, les gestionnaires doivent être équipés pour faire face aux obstacles qui pourraient se dresser devant eux, chemin faisant.

3. Des outils à votre disposition

Je m'en voudrais de terminer cette section sans vous présenter **5 outils** susceptibles de vous aider à faire passer votre message en situation de formation :

- *Premier outil : les dangers qu'induisent les différents extrêmes des continuums.* Cette activité permet de prendre conscience de la complémentarité des gens pour chaque continuum de la diversité. Prenons, pour l'illustrer, le continuum universaliste-particulariste.

Débutez en présentant le continuum sans montrer de parti pris pour l'un ou l'autre de ses extrêmes. Ensuite, demandez aux participants quelle position leur semble la plus sensée. Finalement, demandez-leur pourquoi et inscrivez tous les avantages de cette position sur un tableau. Imaginons, pour les fins de cet exemple, qu'ils répondent « universaliste ».

Demandez ensuite s'il peut y avoir des inconvénients à toujours opter pour une solution universaliste. Le groupe finira par en trouver. À ce moment, expliquez qu'il vaudrait mieux, dans une équipe, pouvoir compter sur au moins une personne plutôt particulariste. De plus, demandez s'il pourrait y avoir des inconvénients à toujours pencher du côté particulariste. Encore une fois, les réponses pleuvront.

Vous pourrez aussi faire une analogie avec le courant alternatif, une forme de courant bien plus efficace que le courant continu, parce qu'il peut aller plus loin en engendrant bien moins de perte : pour être efficace, une équipe doit savoir alterner entre les extrémités de chaque continuum. Par exemple, il est bon d'être individualiste (point A dans le graphique) mais, tôt ou tard, ce choix engendre des problèmes (B), et il est bon de prendre la voie du collectivisme (C). Cependant, même ce dernier choix présentera des problèmes (D), et il faudra alors de nouveau choisir l'individualisme. Chaque point de vue opposé peut bonifier la qualité des décisions prises et améliorer le rendement de l'organisation.

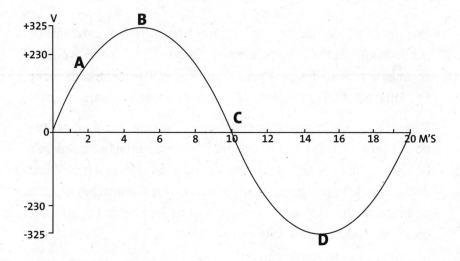

Si les tensions culturelles sont nombreuses dans votre milieu de travail, vous pouvez utiliser cet outil en présentant un continuum sous forme de question qu'on retrouve lorsqu'on étudie les types psychologiques : *Comment prenez-vous vos décisions ?* Vous pouvez dire qu'à une extrémité du continuum, certains prennent des décisions en recourant à la pensée logique, tandis qu'à l'autre extrémité, les gens ont tendance à choisir en se référant à leurs valeurs, leurs sentiments. Encore une fois, il est facile de constater que chaque groupe gagne à avoir en son sein des membres situés aux deux extrémités du continuum.

• *Deuxième outil : les témoignages.* Vous avez un service ou une succursale où l'ouverture à la diversité a eu des effets positifs. Pourquoi ne pas demander à un duo, composé d'un membre du groupe dominant et d'un membre d'un groupe minoritaire, de livrer un témoignage à vos troupes pendant une activité de formation ou simplement pendant le lunch?

Si cette suggestion vous chante, assurez-vous d'offrir assez de temps de préparation aux membres du duo et planifiez du temps pour une discussion avec vos troupes. Si les présentateurs ne sont pas à l'aise devant un groupe, prévoyez la participation d'un animateur plus expérimenté qui, sans voler la vedette, saura résumer les propos ou reformuler.

• *Troisième outil: l'implication des leaders d'opinion.* Dans toute organisation, on retrouve des leaders qui, même s'ils n'occupent pas les rangs les plus élevés de l'organigramme, sont écoutés quand ils émettent leur opinion. Il peut s'agir de votre meilleur représentant, de tel contremaître ou de tel délégué syndical.

Vous pouvez transformer ces personnes en agents de changement. Pourquoi ne pas leur offrir une inscription lors d'un événement portant justement sur la gestion de la diversité? Ces activités sont tenues par des associations culturelles ou par des organismes à vocation économique tout au long de l'année. Si vous n'avez pas les moyens d'inscrire tous les membres de votre équipe, inscrivez ceux dont l'opinion a le plus d'impact sur les autres.

• *Quatrième outil: la filière des stagiaires.* Pourquoi ne pas accueillir quelques brillants stagiaires lors des vacances pour faire la preuve que leur présence est bénéfique pour tout le monde dans l'organisation? Initiez vos employés et vos collègues tranquillement, puis faites le saut définitif dans la diversité en annonçant que, dorénavant, votre organisation sera multiculturelle.

• *Cinquième outil : les occasions d'initiation aux autres cultures.* Pourquoi ne pas organiser une semaine mexicaine si vous avez en vos murs un contingent de Mexicains ? Pourquoi ne pas organiser une semaine indonésienne si vous venez de signer un contrat avec un fournisseur ou un client indonésien ? Ou pourquoi ne pas offrir, aux personnes intéressées, une initiation à la langue d'un nouveau venu, afin de favoriser de sympathiques échanges au sein de l'équipe ?

Faites prendre conscience à votre équipe que notre monde est devenu plus vaste mais notre planète plus petite, et que nous ne pouvons plus nous identifier à notre seule localité géographique. Nous sommes tous des citoyens du monde et nous devons en prendre conscience si nous souhaitons préserver ou faire grimper notre prospérité.

Le quatrième élément :
l'alignement des systèmes de gestion

Imaginez que vous ayez fait preuve de leadership, que vos sondages aient mis en valeur la nécessité d'ouvrir votre organisation à la diversité, que vous ayez débloqué les budgets et que vous ayez même mis sur pied des formations dont la moitié de vos troupes ont déjà profité. Jusqu'ici, tout va bien et vous estimez avoir gagné votre pari.

Imaginez maintenant qu'un contremaître apprécié de tous prenne sa retraite et que, pour le remplacer, on choisisse un employé d'expérience, reconnu pour sa haine des immigrants et des gais. Quel sera l'effet de cette annonce au sein de vos troupes et sur votre programme de valorisation de l'ouverture à la diversité ? Dévastateur, n'est-ce pas ? Tous ces efforts soudainement gaspillés...

De même qu'un leader perdra sa légitimité si ses bottines ne suivent pas ses babines, une organisation perdra la sienne si ses systèmes de gestion ne sont pas alignés sur les objectifs déclarés de sa haute direction. Ce quatrième élément vous permet de réaliser cet alignement. Nous profiterons de cette section pour vous offrir des moyens d'atteindre cet objectif.

Commençons par les **pratiques en matière de gestion des ressources humaines.** Nous avons déjà traité, précédemment, des changements à apporter au processus de recrutement, mais nous n'avons pas abordé celui de l'évaluation de la performance. Pourquoi ne pas ajouter une évaluation de l'ouverture à l'ensemble des facteurs évalués ? C'est d'autant plus important que ces évaluations sont souvent utilisées pour déterminer à qui seront offertes les promotions.

Évidemment, vos gestionnaires chargés de ces évaluations vous diront que cette ouverture est très difficile à évaluer. Pourtant, c'est possible quand on arrive à la traduire en petits gestes quotidiens. Voici une grille qui pourrait aider n'importe quel gestionnaire à évaluer la performance d'un employé au chapitre de l'ouverture à la diversité :

• Intervient quand un collègue tient des propos qui pourraient être offensants pour un autre membre de l'organisation.

• Pendant les pauses, cherche à se mêler aux employés issus de minorités.

• N'hésite pas à prendre sous son aile de nouveaux employés issus de minorités visibles.

• Participe activement aux activités consacrées à l'ouverture à la diversité.

• Pose volontiers des questions aux employés issus de minorités afin de mieux les comprendre.

Ce ne sont évidemment pas des indicateurs définitifs, mais ils sont aisément observables. Définissez les vôtres en fonction de votre réalité organisationnelle. En intégrant cette dimension aux évaluations du personnel, vous envoyez de nouveau le message que ce sujet est important pour l'organisation et que ceux qui souhaitent aller de l'avant ont intérêt à adopter ces orientations.

Traitons maintenant du **facteur temps.** Ce sujet nous mènera inévitablement à une discussion portant sur le continuum universaliste-particulariste et au débat sur les accommodements raisonnables, dont nous traiterons au chapitre 8.

L'EMPLOI « NORMAL » SANS DIVERSITÉ

C'est un emploi à temps plein, cinq jours par semaine. Il donne droit à quelques congés déterminés par la loi et offre un nombre de semaines de congé déterminé par l'ancienneté.

Il y a quelques années encore, on s'attendait à ce que ce soit l'emploi recherché par tous les travailleurs potentiels sérieux, et il n'était pas question que qui que ce soit prenne plus de congés que prévu, même sans rémunération. Mauvaise nouvelle pour ceux qui ne jurent que par ce modèle : cette approche universaliste n'a plus sa place dans le monde du travail d'aujourd'hui.

De nombreuses raisons feront en sorte que vos nouveaux employés ne voudront pas se plier à cet horaire typique, et seules les organisations capables de s'adapter pourront satisfaire et conserver ces employés.

• L'équilibre travail-famille est plus important pour certains nouveaux employés que pour les employés d'antan qui partiront bientôt à la retraite. Dans le secteur de la santé, par exemple, on évalue que cette nouvelle attitude par rapport au travail fait en sorte qu'il faut maintenant embaucher 1,3 nouvel employé pour chaque employé qui s'en va.

- Les pratiques religieuses ne sont pas les mêmes pour tous. Certaines religions obligent leurs adeptes à prendre des pauses à certaines heures.

- Les fêtes religieuses ne sont pas les mêmes pour tous.

Il deviendra de plus en plus courant de demander aux employés potentiels quel horaire leur convient. Cela complexifie la préparation des horaires, mais l'intégration de cette information aux pratiques courantes rendra les relations plus harmonieuses.

Votre **système de récompenses** devra probablement, lui aussi, être réévalué. Typiquement, chaque organisation définit son système de récompenses autour de trois pôles (les récompenses financières, les récompenses liées au prestige et les temps libres) et elle l'applique également à tous les employés dans le but de maximiser la performance de chacun.

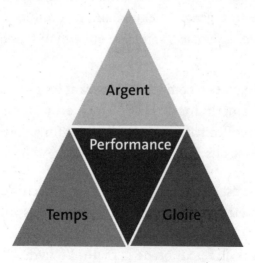

LE SYSTÈME DE RÉCOMPENSES

Dans un milieu diversifié, vous devrez presque bâtir votre système de récompenses en fonction de chaque employé. Comme le démontrent les trois exemples suivants, l'argent n'a pas le même impact sur tout le monde.

- Fons Trompenaars rapporte qu'un ingénieur allemand muté en Afrique du Sud était tellement satisfait du travail de sa bonne qu'il lui offrit un boni à Noël. Il ne la revit pas avant deux mois, car possédant dès lors cet argent, elle n'avait plus besoin de travailler pendant cette période.

- Dans un commerce de meubles du Centre-du-Québec, un jeune vendeur réalise un mercredi qu'il a atteint ses objectifs de ventes pour la semaine. Alors que ses aînés se seraient sentis encouragés et auraient mis les bouchées doubles, il décide de prendre congé et de ne rentrer au travail que le lundi suivant.

- Dans un autre cas s'étant également produit en Afrique, un directeur général, satisfait du travail de son jardinier, lui offre une récompense en argent. Le lendemain, le jardinier ne se présente pas ; il envoie, à sa place, son frère qui a maintenant plus besoin d'argent que lui.

Il en va de même des récompenses couvrant les gens de gloire. Si les *boomers* nord-américains aiment bien recevoir une plaque devant leurs pairs, les collectivistes y verront plutôt un danger pour la qualité de leurs relations avec leurs collègues.

Enfin, le temps est de plus en plus prisé en matière de récompense. Ce n'est peut-être pas une bonne nouvelle dans un contexte où vous manquez de personnel, mais c'est un outil efficace pour améliorer votre taux de rétention de la main-d'œuvre.

En matière d'alignement des mesures, des pratiques, des mentalités et des comportements au sein de vos troupes, dites-vous que tout ce que vous croyez immuable et décidé pour de bon ne l'est pas nécessairement. Vous devrez revoir les façons de faire pour vraiment embrasser la diversité.

Le cinquième élément : le suivi

Pour qu'un programme (qu'il porte sur l'ouverture à la diversité ou sur n'importe quoi d'autre) puisse mériter ce nom, il doit être évalué à intervalles réguliers. Sinon, il s'agit simplement d'une série de vœux pieux.

Les activités de suivi peuvent revêtir plusieurs formes. Il est, dans un premier temps, essentiel de procéder à cette évaluation des résultats à intervalles réguliers. Pour ce faire, vous reprenez les indicateurs choisis pendant l'étape de la recherche et des mesures, puis vous évaluez les résultats obtenus depuis. Vous pouvez également vous questionner sur l'efficacité des moyens utilisés pour atteindre vos résultats. Si vous aviez, par exemple, prévu attirer 10 nouveaux employés, mais qu'aucun ne s'est montré intéressé par votre offre, votre stratégie est à revoir.

Faites régulièrement le point sur les facteurs de succès que vous avez découverts depuis la dernière rencontre. Il y a peut-être un employé qui s'est avéré un précieux lien entre les gens de la vieille garde et vos nouveaux employés. Si son comportement a eu une incidence positive, pourquoi ne le récompenseriez-vous pas ?

Si, lors des célébrations de fin d'année, vous offrez des prix aux personnes qui se sont particulièrement illustrées au chapitre des ventes, des idées créatives ou quoi que ce soit, il pourrait maintenant être souhaitable, voire légitime et profitable, de féliciter officiellement vos champions de l'ouverture à la diversité.

Il est également possible que des impairs aient été commis. Cela peut arriver les premières fois, par exemple lorsque, involontairement, on heurte certaines susceptibilités au cours d'une séance de formation. Il convient, à ce moment, de trouver comment on rebâtira les ponts avec les personnes en cause. Par ailleurs, vous aurez peut-être identifié des gens dont les attitudes sont telles qu'ils ne pourront jamais faire efficacement partie d'une équipe diversifiée. Ce sera à vous de prendre les décisions qui s'imposent à ce moment.

Enfin, quand vous célébrez les succès de votre organisation, prenez le temps de faire des liens entre ceux-ci et la belle ouverture à la diversité qui s'installe. Bien entendu, plusieurs résultats (profits, parts de marché, taux de rétention du personnel) ont une origine multifactorielle, mais n'oubliez pas de mentionner que, parmi ces facteurs, il y a la capacité des membres de votre équipe à mieux travailler ensemble.

Une organisation ne devient pas multiculturelle du jour au lendemain, mais, compte tenu de la réalité que nous vivons actuellement au Québec, vous faites un véritable cadeau à votre région en améliorant ses chances de survie.

UNE VISION ETHNOCENTRIQUE DU MANAGEMENT

Ça ne correspond pas à ce que vous avez appris à l'université ? Rassurez-vous. La majorité des théories enseignées ont été conçues par des Occidentaux à un moment où la force de travail était uniforme.

Même la fameuse pyramide des besoins de Maslow privilégie l'individualisme plutôt que le collectivisme. Les livres américains portant sur la motivation de vos troupes vous diront de toujours féliciter vos employés publiquement. La théorie enseignée dans les grandes écoles a souvent du retard sur la réalité. Prenez avec des pincettes tout ce que vous avez appris jusqu'ici ou, mieux encore, dites-vous que ces théories et pratiques ont été conçues pour un monde uniforme. À vous de créer les nouvelles pratiques. D'autres vous examineront plus tard et en tireront les théories qui seront enseignées d'ici vingt ans.

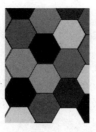

Chapitre 7

Gérer la diversité

La gestion de l'économie n'est ni de gauche ni de droite.
Elle est bonne ou mauvaise... Ce qui compte, c'est ce qui marche.
Tony Blair

Ce chapitre s'adresse principalement aux gestionnaires. Je vais en profiter pour vous présenter quelques outils qui vous permettront de mieux gérer la diversité de votre personnel. Vous apprendrez à mieux communiquer, à mobiliser une équipe autour d'une vision commune et à gérer les conflits. Nous ne traiterons pas ici des accommodements, raisonnables ou pas, car ils feront l'objet du prochain chapitre.

UNE NEUVIÈME QUESTION QUIZ

Répondez par vrai ou faux à l'énoncé suivant : *Pendant les pauses, dans notre organisation, les gens se mêlent naturellement. Il n'y a pas un groupe de « vrais » Québécois et d'autres groupes formés par « les autres ».*

Offrir de l'autonomie ?

Qui sera le meilleur patron : celui qui confie un mandat à un employé et qui le laisse ensuite à lui-même pour évaluer la qualité du travail une fois le mandat terminé, ou celui qui, tel un bon père de famille, reste présent et intervient tout au long de la réalisation du mandat ? Vous attendez-vous à ce qu'un patron reste un simple gestionnaire ou bien qu'il vous conseille également lorsque vous avez des décisions personnelles à prendre ? Il semble bien que nous venions de découvrir un nouveau continuum : celui de l'encadrement.

Pour beaucoup de gens, les meilleurs patrons sont ceux qui confient un mandat et qui se contentent d'évaluer le travail une fois terminé. Dans *Comment devenir un meilleur boss*, je les ai appelés les patrons de type F, pour **Finalité**. La principale raison pour laquelle plusieurs employés préfèrent les patrons de type F réside dans le fait que ces derniers permettent l'autonomie et que leur comportement inspire à leurs troupes la confiance qu'ils ont envers elles.

D'autres préféreront le patron qui, même s'il confie un mandat, se permet d'intervenir tout au long de sa réalisation pour poser des questions, rectifier le tir et s'assurer que les procédures sont respectées. Dans *Comment devenir un meilleur boss*, je l'ai appelé le patron de type M, pour **Moyens**. La raison principale pour laquelle plusieurs employés préfèrent les patrons de type M réside dans le fait que ces nombreux contacts donnent de l'importance à l'employé («Mon patron se préoccupe de ma performance et ne veut pas que je perde la face.») et le réconfortent tout au long du mandat. Après tout, s'il faisait erreur, le patron le lui dirait.

D'après vous, où se situent les Canadiens sur ce continuum? Du côté des patrons de type F, bien entendu. Quand on leur a demandé de répondre s'ils préféraient être laissés à eux-mêmes lorsqu'ils ont un travail à faire, 95 % des Canadiens ont répondu oui. Il n'y a que les Australiens qui les dépassent : 97 % de ces derniers préféreraient les patrons de type F. Vous jouez donc gagnant si vous êtes un patron de type F gérant des Canadiens d'origine.

Il n'en va pas nécessairement ainsi si vous gérez des gens issus d'autres pays. À la même question, en effet, seulement 32 % des Égyptiens ont répondu par l'affirmative. Le score se hisse à 43 % chez les Népalais, à 57 % chez les Chinois, 69 % chez les Japonais, 71 % chez les Espagnols, 74 % chez les Brésiliens, 76 % chez les Belges, 83 % chez les Américains et 89 % chez les Français.

Que faut-il en déduire? Dans un milieu de travail diversifié, un bon patron n'adoptera pas le même type de comportement avec tout le monde. Il vous faudra donc prendre conscience des besoins spécifiques d'encadrement de chacun et adapter votre style de gestion à chaque employé ou collègue. En matière de gestion, le temps du *one size fits all* est révolu. C'est ce que vous découvrirez d'ailleurs tout au long de ce chapitre.

LE RETOUR DU BALANCIER POUR LES GESTIONNAIRES

Depuis le début des années 1900, les gestionnaires ont peu à peu perdu de leur pouvoir discrétionnaire ; la bureaucratisation ainsi que la centralisation des décisions devenaient alors possibles, puisqu'on apprenait à traiter tout le monde de la même manière. Ainsi, dans bien des cas, les gestionnaires ne faisaient qu'administrer les ordres venus d'en haut et ne prenaient eux-mêmes aucune décision.

Tout ça est terminé. La diversité fera en sorte qu'ils auront de plus en plus de décisions à prendre au cours des prochaines années et qu'ils devront de plus en plus utiliser leur jugement dans le cadre de leur travail.

Apprendre à mieux communiquer

Si vous êtes un bon gestionnaire, cela n'est pas une surprise pour vous, car vous avez toujours géré la diversité humaine. Vous avez appris à y aller doucement avec l'introverti, à justifier vos décisions rationnellement auprès de ceux qui privilégient la pensée rationnelle ou à les justifier en recourant à des anecdotes ou à des valeurs vis-à-vis de ceux qui sont plus émotifs. Bref, vous savez depuis longtemps qu'on ne communique pas de la même manière avec tout le monde. Mais il vous reste à découvrir comment mieux communiquer avec chacun (ou chacune), selon son bagage culturel.

Commençons avec le continuum universaliste-particulariste. Si vous devez interagir avec un universaliste, vous savez que, pour lui, les règles sont plus importantes que les circonstances, qu'il est primordial de tenir ses engagements et qu'il n'est pas question de revenir sur une entente une fois qu'elle a été conclue. En conséquence, vous respecterez vos engagements envers lui. Et s'il arrivait que vous deviez modifier une procédure, vous lui expliqueriez en quoi elle respecte toujours la mission de l'organisation. Bref, vous vous assurerez de rester constant à ses yeux.

Si vous devez, au contraire, gérer un particulariste, vous savez que, pour lui, les relations sont plus importantes que les règlements, que les ententes sont faites pour être modifiées et qu'il est important de s'adapter. En l'occurrence, vous développerez une relation plus personnelle avec lui et vous traiterez au mérite les problèmes qu'il vous confiera, plutôt qu'en suivant religieusement les règles en cours.

Cela signifie-t-il que vous jouerez les hypocrites ? Absolument pas ! Vous vous adaptez, tout simplement. Tout comme vous n'aurez pas la même attitude avec un enfant, selon qu'il rentre enjoué ou en pleurs de l'école. Ainsi, vous glisserez le long du continuum en fonction de la personnalité avec qui vous interagirez. Ce qui importe, c'est que vous soyez en mesure de mobiliser les troupes et d'atteindre la performance dont votre équipe est capable. Cela peut vous sembler compliqué pour l'instant, mais ce ne l'est plus dès lors que vous comprenez où vous vous situez sur chaque continuum et que vous acceptez que les autres puissent se trouver n'importe où ailleurs. À ce moment, un peu d'empathie vous sera suffisant pour vous adapter.

Passons maintenant au continuum individualiste-collectiviste. Si vous devez composer avec un individualiste, vous savez qu'il utilise souvent le pronom « je » et qu'il croit qu'on réussit souvent seul. Vous lui expliquerez ce qu'il y gagnera personnellement si les objectifs organisationnels sont atteints. Si possible, vous lui offrirez une rémunération basée en partie sur ses résultats personnels et vous lui donnerez assez d'espace pour qu'il puisse prendre des décisions.

À l'opposé, vous savez que les collectivistes préfèrent parler au « nous », qu'ils préfèrent souvent ne pas prendre de décision immédiate afin de consulter leurs pairs et que, pour eux, c'est l'équipe, bien plus que l'individu, qui finit par réussir. Face à eux, donc, vous parlerez également au « nous », vous féliciterez l'esprit d'équipe des gens et vous récompenserez les résultats qu'aura obtenus le groupe.

VOUS VOUS ADRESSEZ À DES GROUPES DIVERSIFIÉS ?

Si vous ne souhaitez pas indisposer des gens lorsque vous vous adressez à un groupe en adoptant un discours propre à une extrémité du continuum plutôt qu'à l'autre, vous devez avoir recours à l'outil 1 présenté au chapitre précédent (p. 117) et indiquer où vous en êtes sur l'onde sinusoïdale.

Et peut-on à la fois récompenser le travail individuel et le travail du groupe ? Absolument. Il suffit de repenser vos programmes d'encouragement.

Traitons du continuum émotion-raison. Dans un premier temps, un bon gestionnaire restera conscient du fait que certains n'expriment pas leurs émotions, tandis que d'autres les expriment généreusement, et que les deux comportements sont normaux. Il suffit de s'adapter.

- Évitez de toucher ceux qui manifestent peu leurs émotions ou d'être trop expressif devant eux. Ne les interrompez pas lorsqu'ils parlent. Pendant les rencontres, tenez-vous-en aux faits. Si quelqu'un fait soudainement une crise, c'est que quelque chose ne va vraiment pas.

- Assurez-vous de ne pas paraître trop détaché quand vous entrez en interaction avec les gens expressifs. S'ils vous touchent, vous pouvez les toucher à l'occasion. Permettez-vous une plus grande amplitude vocale. Vous pouvez vous permettre de les interrompre quand ils parlent; ils considéreront que c'est un signe d'intérêt. Et si une personne de ce type fait soudainement une crise, donnez-lui le temps de retomber sur terre avant de réagir. Il n'y aura peut-être plus rien à régler une fois la tempête passée.

C'est un des continuums que vous aurez le plus de difficulté à faire apprécier par vos troupes. Si les groupes n'apprennent pas à s'apprécier, ceux qui sont peu expressifs risquent d'inspirer la méfiance chez les plus expressifs, tandis que ces derniers risquent de passer pour des excessifs ou des caractériels aux yeux des moins expressifs.

Passons au continuum vie publique–vie privée. Nous avons vu qu'il y a ceux dont la vie est compartimentée et qui, par exemple, se révèlent peu au travail, et ceux qui ne font pas de distinction entre leur vie privée et leur vie professionnelle. Au fil du temps, vous en apprendrez peu sur les premiers et vous saurez tout sur les seconds.

Comment pouvez-vous agir avec ces gens pour maximiser leur engagement au travail? Simplement en vous concentrant sur ce qu'ils acceptent de révéler d'eux. Vous traiterez les premiers comme des professionnels et les seconds comme des êtres humains complets. Respectez ce que les gens souhaitent vous faire connaître d'eux.

JE VOUS EN DEMANDE BEAUCOUP?

À première vue, c'est vrai. Mais mettez tout cela en pratique et cela deviendra rapidement une seconde nature. La simple ouverture à la différence vous rendra rapidement plus efficace.

Venons-en à la manière dont le respect (ou le statut) devrait être accordé. Pour certains, le respect est quelque chose qu'on acquiert. Ces derniers aiment ainsi qu'on connaisse leurs titres, ou ce qui les rend spéciaux, et qu'on respecte les gens en fonction de ce qu'ils sont. Ils respecteront généralement votre opinion du seul fait que vous êtes situé plus haut qu'eux dans la hiérarchie. Restez intègre et équitable et vous pourrez conserver ce pouvoir. Pour d'autres, le respect doit être mérité. Il repose sur les réalisations. Vous vous assurerez qu'ils connaissent votre compétence et vos réalisations passées.

Que faire avec une équipe dont certains membres pensent à court terme et d'autres, à long terme ? Vous les placez en équipe ! Il en va de même avec ceux qui pensent que le contrôle est interne et ceux qui pensent qu'il vient de l'extérieur. Pour cela, il faudra apprendre à diriger les équipes dans un contexte de diversité. C'est le sujet que nous aborderons maintenant.

Le travail d'équipe

Le travail d'équipe entre individus partageant le même profil n'est pas facile. Imaginez qu'en plus, vous deviez composer avec des coéquipiers provenant d'horizons culturels distincts...

Pourtant, l'ouverture à la diversité n'est pas le premier facteur que vous considérerez au moment de la création d'une équipe. Vous vous intéresserez plutôt à la capacité de vos employés ou collègues à résoudre un problème précis ou à réussir un projet. Ce sont donc les compétences techniques des employés qui orienteront la constitution d'une équipe.

Dans le cas de membres d'une équipe devant régler un problème dans l'immédiat, il se peut que **3 situations** se produisent au chapitre de la diversité :

1. Vous pouvez vous retrouver avec des gens très différents mais tellement axés sur la tâche qu'ils feront abstraction de leurs différences. Dans ce cas, ne faites pas d'intervention spéciale. Misez sur le professionnalisme des membres de votre équipe. Ce type de situation se produit fréquemment et il ne met pas en péril votre organisation.

2. Vous pouvez vous retrouver avec des gens qui, à la suite des formations que vous leur aurez offertes, découvriront que la diversité présente plus d'avantages que d'inconvénients et qui resteront ouverts aux points de vue des autres. Ceux-là arriveront généralement à atteindre les objectifs fixés et, au fil des interactions, deviendront meilleurs encore.

3. Vous pouvez vous retrouver avec des gens qui n'arrivent pas à travailler ensemble parce qu'ils n'ont pas su s'ouvrir à la diversité. Dans ce cas, si vous ne faites rien, les conflits seront nombreux et ils risquent de saboter la mission de l'équipe. Que faire quand cela se produit ? Vous aurez besoin de toutes vos qualités de leader :

   - *Commencez par miser sur ce qui les unit.* Il est possible qu'ils se tombent mutuellement sur les nerfs, mais ils ont une mission commune à accomplir et ils y gagneront tous s'ils y arrivent. Réunissez-les, rappelez-leur que vous les avez choisis parce qu'ils ont les compétences pour relever ce défi et rappelez-leur que, bien que différents, ils partagent un même but et les mêmes espérances de gains.

   - *Rappelez-leur ce qu'ils perdront s'ils ne mènent pas le projet à terme.* Il arrive parfois que la crainte soit plus forte que les intérêts, quand il faut mobiliser les gens.

Dans certains cas, la simple compréhension (reconnaissance) qu'ils sont dans le même bateau sera suffisante pour procurer à tout le monde l'énergie nécessaire à la poursuite du travail. Et s'ils arrivent à relever les défis que vous leur avez demandé de relever, ils auront appris à s'apprécier et ils seront plus enclins à travailler ensemble la prochaine fois.

Les équipes devant travailler ensemble à long terme présentent un avantage : vous pouvez multiplier les efforts pour les rendre plus efficaces malgré les différences. Vous pouvez investir en elles. Mais comment, demandez-vous ? Toutes les théories en matière de consolidation d'équipe s'appliquent ici. Toutefois, je ne vais vous proposer que ce qui concerne les équipes diversifiées.

Il faut cependant avouer que ce ne sont pas toutes les équipes multiculturelles qui briseront des records d'efficacité. Selon Nancy Adler, certains facteurs favoriseront leur capacité à atteindre leurs objectifs, et d'autres la mineront. Voici un résumé de ces facteurs de succès et des autres facteurs, à savoir ceux qui nous empêchent de relever efficacement les défis.

- Une équipe multiculturelle sera plus efficace lorsque les différences entre membres seront acceptées plutôt qu'ignorées.

- Une équipe multiculturelle sera plus efficace quand les membres sont recrutés pour leurs compétences reconnues plutôt que pour leurs origines parce qu'on souhaite atteindre un certain quota, etc. On ne crée pas des équipes multiculturelles pour le plaisir de le faire ; une équipe est mise sur pied pour relever un défi.

- Une équipe multiculturelle sera plus efficace s'il y a respect mutuel que si les membres d'un groupe se croient naturellement supérieurs aux autres.

- Une équipe multiculturelle sera plus efficace si ses résultats sont évalués à l'externe (par un supérieur hiérarchique, un client, un comité, etc.), car chacun a alors intérêt à réussir.

  - *Accompagnez-les.* Il est possible qu'une nouvelle équipe multiculturelle ait besoin d'être accompagnée. Vous pouvez, par exemple, dès le début, présenter à ses membres les avantages qu'ils retireront à travailler ensemble, en utilisant le graphique suivant[11] :

La diversité permet une plus grande créativité		
Plus de points de vue	Plus d'idées	Moins de pensées de groupe

La diversité procure une meilleure concentration sur ce que disent les autres		
Idées	Sens	Arguments

Une plus grande créativité mène à...			
Une meilleure définition du problème	Plus d'options	De meilleures solutions	De meilleures décisions

Les équipes deviennent	
Plus efficaces	Plus productives

LES AVANTAGES DU TRAVAIL EN ÉQUIPE MULTICULTURELLE

Théoriquement, donc, vous pouvez avancer que la composition d'une équipe diversifiée aura des effets bénéfiques sur le rendement de l'équipe, pour autant que les phénomènes suivants ne viennent pas nuire à ce travail :

- La méfiance due au fait que vous ne faites pas confiance aux membres d'un certain groupe, que vous entretenez des stéréotypes ou que vous ne discutez qu'avec les membres de votre propre groupe.

- Une mauvaise communication induite par l'utilisation d'expressions qui ne font pas partie du bagage linguistique des membres d'un autre groupe.

- La tension ou l'affrontement résultant de comportements inadéquats.

Si ce préambule est offert aux membres d'une équipe dès sa création, il devient plus aisé pour un facilitateur de faire des rappels chaque fois qu'un de ces phénomènes est remarqué. Ne vous attendez cependant pas à ce que ce soit toujours l'harmonie au sein de votre équipe ; toute équipe passe par une phase où les membres se remettent en question. En imposant l'harmonie à tout crin, vous empêcherez ce groupe de devenir une véritable équipe.

D'autres outils peuvent vous aider à améliorer les chances de succès de cette nouvelle équipe. Vous pouvez, par exemple, créer une activité où chaque équipier sera appelé à découvrir la façon dont, naturellement, il travaille et réagit au sein d'une équipe. Vous trouverez ces activités dans les nombreux livres portant sur la mobilisation d'équipe. Vous pouvez également offrir à chaque personne de votre équipe une formation en gestion des conflits ou, plus précisément, en formulation de critiques constructives : il est tellement facile de réduire une personne au silence en faisant une critique mal formulée.

La qualité du travail d'équipe sera de loin bonifiée si son leader joue bien son rôle en respectant quelques consignes. D'abord, il lui faut s'assurer que tous peuvent s'exprimer et que personne n'est ignoré pendant les séances de travail. Il doit également rappeler à ses employés ou collègues la raison d'être de l'équipe et encourager les comportements qui favorisent l'atteinte des objectifs. Il ne doit pas hésiter à jouer les coachs auprès des membres de l'équipe qui ont plus de difficulté à travailler avec des gens différents. Et, finalement, il doit féliciter l'équipe chaque fois qu'elle performe bien.

APPRENEZ À FÉLICITER LES GENS MÉRITANTS

Le principal avantage des compliments, c'est qu'ils amènent les gens à vous apprécier davantage et à répéter les comportements qui ont été félicités. Dans un cadre multiculturel, vous devez quand même prendre quelques précautions pour vous assurer que ces félicitations contribuent bel et bien au succès de l'équipe.

Ne faites pas tout le temps des compliments. Les compliments les plus inspirés perdent de leur efficacité s'ils finissent par être perçus comme un tic verbal.

Complimentez les accomplissements du groupe devant le groupe. Vous ne pouvez pas commettre d'impair quand vous le faites.

Apprenez à complimenter les individus en fonction de ce qu'ils sont. Certains préféreront les compliments publics ; d'autres seront embarrassés si vous les complimentez devant leurs pairs. Demandez-leur ce qui leur convient.

Vos félicitations auront encore plus d'impact si vous savez également réprimander vos troupes à l'occasion. C'est une question de contraste et de crédibilité. Si vous ne critiquez jamais qui ou quoi que ce soit, vos compliments auront moins d'impact. Quelques règles s'appliquent ici : critiquez l'équipe devant l'équipe et les individus en privé.

Au fil du temps, ces gens auront hâte de travailler de nouveau ensemble. Ils auront fait la preuve qu'ils sont capables de relever les défis ensemble et ils envisageront de manière positive la possibilité de revivre le plaisir de la réussite.

Une nouvelle manière de penser et de s'exprimer

C'est Sondra Thiederman, dans *Making Diversity Work*, qui nous explique que pour mieux interagir dans un milieu diversifié, il faut apprendre à mieux penser et à mieux s'exprimer. Voyons de quoi il en retourne.

LA MÉTACOGNITION

Vous arrive-t-il de jouer aux cartes ? Êtes-vous bon ? Si vous l'êtes, ce qui suit ne vous surprendra pas : les meilleurs joueurs ne se contentent pas de jouer aux cartes en suivant les règlements. C'est comme si, au niveau cognitif, ils s'éloignaient de la scène pour mieux comprendre les gestes des autres joueurs et leurs réactions.

En s'offrant un point de vue différent sur le jeu, ils sont en mesure de deviner les gestes qui s'en viennent et de se préparer en conséquence. Ils sont comme les meilleurs joueurs d'échecs dont on dit qu'ils voient 10 coups à l'avance, contrairement au joueur standard qui se contente de prévoir les 2 ou 3 prochains coups.

Changer sa manière de penser ou de s'exprimer, c'est développer sa *métacognition*. C'est voir au-delà de ce qui est immédiatement visible, dans une situation donnée.

Avouons-le : dans le feu de l'action, nous ne prenons pas toujours le temps de penser. Un événement se produit, et nous réagissons. Supposons, par exemple, que vous venez de faire quelque remontrance à un employé qui se situe très à gauche sur le continuum émotion-raison. Il se met alors à crier en vous disant que tout cela est injuste, que ce n'est pas sa faute, que personne ne l'avait averti et qu'il va quitter son emploi parce qu'il en a assez qu'on soit toujours sur son dos.

Son ton vous agresse tellement que vous auriez envie de lui dire qu'il a raison et qu'il ne lui reste qu'à prendre la porte. RÉSISTEZ ! Ne vous donnez pas le feu vert avant de vous être calmé. Prenez quelques bonnes respirations, puis RAPPELEZ-VOUS à qui vous avez affaire.

En effet, est-ce que cet employé a l'habitude de s'emporter quand il est stressé ? L'avait-il déjà fait ? Si oui, que s'était-il passé ? Son ton était-il revenu à la normale dans la demi-heure ? Il est alors probable qu'il en sera de même aujourd'hui. RECADREZ alors l'événement. Dans notre exemple, vous pourriez vous dire : « Bon, Ricardo se sent attaqué et il y va à nouveau d'une tirade très émotive. Je vais attendre une trentaine de minutes avant de continuer cette conversation... »

Ça y est. Vous avez pris du recul par rapport à l'événement et vous êtes maintenant en mesure de prendre la meilleure décision. Il vous reste à formuler verbalement votre réaction. Quelques conseils s'appliquent ici :

• *Évitez les exagérations, tant verbales que vocales.* À quoi bon dire à Ricardo qu'il vient encore une fois de « pogner les nerfs pour rien ». Il ne considère pas que c'est pour rien et il n'a même pas l'impression d'avoir « pogné les nerfs ». Il s'exprime, c'est tout. Il ne sert à rien non plus de parler plus fort que l'autre pour être bien sûr qu'il comprenne. Cela ne peut mener qu'à une escalade verbale. Baissez plutôt le ton et parlez de manière posée.

• *Ne coupez pas court à la discussion en invoquant le règlement ou la hiérarchie.* Favoriseriez-vous la discussion en disant à Ricardo : « C'est le règlement » ou « Ta gueule, c'est moi le boss » ? Je ne crois pas. Ce genre d'énoncé met de l'huile sur le feu au lieu de réduire la tension.

• *Ne recourez pas à des métaphores propres à votre culture.* Quand vous faites valoir votre point de vue en recourant à des repères culturels qui vous sont propres, vous prouvez et rappelez à l'autre que vous êtes différents l'un de l'autre, que vous n'êtes pas du même groupe. Quand bien même vous diriez à Ricardo, qui est au pays depuis trois ans seulement, que ses emportements vous rappellent ceux du curé Labelle dans *Les belles histoires des pays d'en haut*, vous feriez obstacle à la rencontre au lieu de la rendre profitable.

CELA VAUT POUR TOUS LES GENRES DE DIFFÉRENCES

Dans notre exemple, Ricardo nous arrive d'une autre culture, mais les repères culturels varient également d'une génération à l'autre. Un jeune employé ne comprendra pas non plus votre allusion à l'œuvre de Claude-Henri Grignon, pas plus qu'il ne comprendra :

– Les locutions latines que vous avez apprises au collège classique. Oubliez donc les *Alea jacta est* ou les *Caveat emptor*. Loin de paraître cultivé, vous passerez pour quelqu'un de dépassé. Ce conseil vaut également pour les politiciens…

– Les références à des vedettes disparues depuis longtemps.

– Les références à des événements qui vous semblent récents, mais dont ils n'ont jamais entendu parler. Vous seriez surpris du nombre de personnes qui n'ont aucune idée de ce qu'a été la crise d'Octobre ou du nombre de Québécois pure laine qui ignorent que l'assurance-maladie n'a pas toujours existé.

Adaptez-vous à votre auditoire. Tout ce qui souligne le fait que vous êtes différent de votre interlocuteur vous éloigne de lui. Misez sur ce qui vous rapproche l'un de l'autre.

• *Ne vous laissez pas tirer vers le bas.* Ce n'est pas parce que, sous le coup de l'émotion, une personne y va d'attaques personnelles ou se met à blasphémer que vous devez faire de même. Au contraire, votre capacité à vous maîtriser dans le feu de l'action fait grandir votre pouvoir et votre crédibilité. Souvenez-vous des trois impératifs à respecter lors d'un échange : résistez, rappelez-vous… et recadrez.

- *Rappelez-vous que vous faites partie de la même équipe.* Vous vivez peut-être un différend en ce moment, mais vos objectifs sont les mêmes, et vous aspirez tous deux à les atteindre. Vous n'êtes pas ennemis. Votre ennemi commun, c'est le concurrent. Vous avez intérêt à vous entraider en minimisant vos différences temporaires si vous voulez gagner le combat en cours.

- *Écoutez vraiment.* Même la personne qui vous semble la plus exaltée ou la plus emportée vous indique souvent comment vous pourriez rétablir votre relation ; il vous suffit d'écouter les mots qui sortent de sa bouche. Ricardo, par exemple, avance que « personne ne l'avait mis au courant ». Voici une belle occasion de rapprochement pour celui qui écoute vraiment. En effet, pourquoi ne pas y aller d'un : « Je n'irai pas jusqu'à dire qu'on ne t'avait pas informé de… mais peut-être que cela t'avait mal été expliqué… »

Évitez de vous emporter. Ne vous laissez pas entraîner dans le feu de l'action en perdant votre capacité de penser et de bien vous exprimer. Ces gens ne sont pas vos adversaires ; ce sont des partenaires qui vous aideront à atteindre vos objectifs, à condition que vous ne laissiez pas ce qui vous différencie devenir un frein au développement d'une relation véritable, capable de générer les fruits du succès.

La gestion des conflits

Vous ne pouvez pas, quand survient un conflit dans votre organisation entre un membre du groupe majoritaire et un membre d'un groupe minoritaire, prendre systématiquement pour l'un ou l'autre. Vous ne pouvez pas non plus supposer que tous les conflits sont attribuables à l'intolérance. Toute entreprise en santé doit accueillir les conflits : de ceux-ci naissent les idées nouvelles. Si vous ne tolérez pas les conflits, vous êtes en route pour Abilene.

EN ROUTE POUR ABILENE ?

Cette expression vient du travail de Jerry Harvey et raconte l'histoire d'un groupe qui, pour ne pas vivre de conflit, s'engage dans une aventure dont personne ne veut :

« Par une journée de chaleur accablante au Texas, quatre personnes de la ville de Coleman jouent tranquillement aux dominos sur la véranda. À un moment donné, un des joueurs, craignant que les autres s'ennuient, suggère d'aller manger à une cantine d'Abilene, une ville située à plus de 80 km de là. Tous disent oui.

Ils partent dans une vieille voiture sans air climatisé, sur une route poussiéreuse, font le chemin, dégustent une nourriture douteuse et reviennent sous un soleil encore ardent. Au retour, un des joueurs avoue qu'il n'avait pas envie de faire toute cette route pour manger un sandwich, qu'il a accepté pour ne pas déplaire au groupe. Un autre explique qu'il a suggéré l'escapade parce qu'il craignait que les gens s'ennuient sur la véranda. Au bout du compte, tous auraient préféré rester sur la galerie, près du ventilateur.

Être en route pour Abilene, c'est se lancer dans une aventure dont personne ne veut, dans le seul but de ne pas déplaire au groupe. C'est éviter les conflits à tout prix. C'est préférer la médiocrité à la richesse qui pourrait naître du choc des idées. Est-ce ce dont vous rêvez pour votre organisation ?

Mais il y a conflit et... conflit. En effet, si certains conflits sont sains pour toute organisation, il en est qui nuisent à sa progression. Nous parlons ici des conflits portant sur des choses qui ne peuvent pas être changées, sur des préjugés ou sur l'idée que le groupe majoritaire a forcément raison. Dans de tels cas, les conflits diminuent la productivité d'une équipe.

Par rapport aux conflits, le travail d'un gestionnaire sera donc de prévenir ceux qui pourraient nuire à l'organisation tout en encourageant ceux qui sont susceptibles de l'aider à progresser. Ce n'est pas nécessairement facile. Ainsi, une bonne formation en communication (écoute active, reformulation, questions, etc.) vous sera d'une grande aide à ce sujet, mais allons plus loin. Voyons ce que vous pouvez faire lorsque naissent des conflits atribuables aux différences entre individus.

1. Ne vous mettez pas la tête dans le sable. Si vous êtes régulièrement témoin de railleries ou de sous-entendus portant sur la race d'une personne, intervenez. Vous n'avez pas à attendre que cela dégénère et vous pouvez être certain que, déjà, la productivité de la personne attaquée est en chute.

2. Évitez de blâmer la personne à la source du conflit. Parlez-lui de ses comportements sans la traiter de tous les noms. En effet, si, d'entrée de jeu, vous dites à quelqu'un qu'il est dans le tort, ne vous attendez pas à ce que cette personne s'implique activement dans la résolution du conflit.

3. Ne croyez pas l'employé régulièrement insulté qui vous dit que ce type d'« humour » ne le dérange pas : cela le dérange.

4. Transformez vos interventions en outils pédagogiques. Tel conflit s'explique peut-être par le fait que ces deux employés sont situés loin l'un de l'autre sur tel ou tel continuum. Profitez de l'occasion pour leur rappeler qu'il n'y a pas de bonnes ou de mauvaises positions sur un continuum ; il y a seulement des gens différents.

5. Songez à imposer un code de vie ou, mieux encore, demandez à votre comité chargé de la promotion de la diversité d'élaborer un tel code de vie. Il vaut souvent mieux prévenir que guérir. Ce code devrait présenter les comportements souhaitables dans votre organisation et ceux qui sont à bannir.

6. Si un conflit traîne en longueur, ayez recours à un intervenant professionnel. Votre organisation risque des poursuites si vous ne faites rien. Ne rien faire en matière de harcèlement, c'est être complice. Et cela ne conférerait pas à votre organisation l'image d'employeur de choix dont elle a besoin pour attirer les meilleurs éléments.

7. Dans certains cas, vous devrez éloigner les belligérants. Si vous n'arriverez pas à transformer tous vos employés en champions de la diversité, pourquoi ne pas modifier les horaires pour limiter les contacts entre deux employés qui ne s'entendent pas ?

8. Vous pouvez offrir un atelier de gestion des conflits à vos employés. Lors de ces formations, on leur enseigne à s'affirmer sans nuire à leurs relations professionnelles. Il ne sert à rien d'attendre qu'une personne explose ou donne sa démission. Lors de tels événements, c'est souvent le meilleur employé qui part. Aidez vos employés et collègues à s'aider eux-mêmes.

La gestion est bien davantage un art qu'une science. Vous ne trouverez pas toutes les réponses dans le guide des procédures administratives ou dans la convention collective. Gardez les yeux bien ouverts. Préoccupez-vous des gens qui vous aident à réussir, et dès que vous constatez qu'un conflit nuit davantage à votre entreprise qu'il ne l'aide à progresser, réagissez le plus rapidement possible.

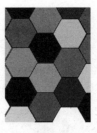

Chapitre 8

Les fameux accommodements

Les vents me sont moins qu'à vous redoutables.
Je plie, et ne romps pas.
Jean de La Fontaine, *Le chêne et le roseau*

Cette fable de La Fontaine fait l'éloge de la flexibilité. C'est grâce à cette caractéristique que le roseau survit à la tempête, tandis que le chêne, pourtant très massif, y trouve sa fin. Offrir des accommodements, c'est faire preuve de flexibilité. C'est éviter d'imposer un même cadre de travail à tous. Nous avons déjà parlé de la nécessité d'aligner les systèmes organisationnels sur le fait de la diversité individuelle et culturelle. Allons maintenant plus loin.

J'aimerais commencer ce chapitre avec une métaphore empruntée à William Sonnenschein, auteur de *The Diversity Toolkit*. Pour la présenter, je vous livrerai quelques secrets de cuisine.

C'est bon, du ragoût !

Il m'arrive de cuisiner et, à la maison, mon ragoût est particulièrement apprécié. Pourtant, il n'est pas très difficile à faire. Je commence par faire brunir mes cubes de bœuf sur la cuisinière, puis j'ajoute de l'eau et des épices. Je place le tout au four, à 350°, pendant 90 minutes. Au bout de ce laps de temps, j'ajoute des pommes de terre coupées en dés, des oignons coupés en dés, des carottes coupées et du céleri coupé également. Vingt-cinq minutes plus tard, le ragoût est prêt à servir. Il ne manque plus que du bon pain pour l'accompagner.

Savez-vous ce qui caractérise un bon ragoût ? Il est réussi quand tous les ingrédients goûtent la même chose. Fermez les yeux et prenez une bouchée de viande : elle goûte le ragoût. Prenez un morceau de pomme de terre : il goûte le ragoût. Prenez un morceau de carotte : il goûte le ragoût. C'est comme si, pour faire un bon ragoût, chaque ingrédient devait abandonner ce qu'il est pour prendre le goût du plat final.

Beaucoup de gens aimeraient qu'il en soit ainsi dans un milieu de travail ouvert à la diversité. Ils aimeraient que tous les membres d'une organisation, quels que soient leur sexe, leur orientation sexuelle, leur culture d'origine, leur âge, etc., oublient qui ils sont pour prendre le goût de l'organisation. Ils aimeraient que tous se confondent dans un même creuset. Ils aimeraient qu'une organisation, au lieu de se contenter d'intégrer les gens, parvienne à les assimiler complètement.

Or, le milieu de travail n'est pas un ragoût. C'est plutôt une *salade du chef*. Et à quoi reconnaît-on une bonne *salade du chef* ? On la reconnaît lorsque chacun des ingrédients conserve son goût propre, tandis que le tout reste bien lié grâce à une vinaigrette qui, loin d'éclipser chacun des ingrédients, leur permet au contraire de se révéler au maximum.

C'est à cela que doit ressembler un milieu de travail diversifié. Chaque individu doit conserver son individualité, mais tous doivent être liés par une vinaigrette qui, dans un milieu de travail bien géré, prendra la forme d'un leadership fort et ce, pour donner l'exemple, pour promouvoir l'équité plutôt que l'égalité absolue, pour mettre en valeur les différences de chacun plutôt que de promouvoir l'uniformité et pour valoriser le choc des idées au lieu d'entretenir le *statu quo*. Oubliez l'assimilation. Dites oui au pluralisme.

Cela signifie-t-il qu'on doive se plier à toutes les demandes des employés parce qu'ils ont des opinions différentes et des origines diverses ? Rassurez-vous : il y a des limites à ce que vous devez faire pour accommoder vos équipiers.

UNE DIXIÈME QUESTION QUIZ

Répondez par vrai ou faux à l'énoncé suivant : *Dans notre organisation, les employés représentant la majorité ne s'attendent pas à ce que les membres de la minorité s'intègrent à 100 % et deviennent des Québécois pure laine.*

Un psychodrame national

Nous avons récemment vécu une crise des accommodements raisonnables au Québec. De mars 2006 à juin 2007, alors que l'actualité était pauvre en nouvelles, les médias se sont lancés sur ce sujet pour laisser entendre que le Québec était en danger. Rappelons quelques éléments de cette crise. Ce qui suit est issu du rapport de

151

la Commission Bouchard-Taylor, une commission mise sur pied par le gouvernement du Québec pour répondre à la pression populaire du moment… ou faire semblant de s'en préoccuper.

- Au CLSC de Parc-Extension, les conjoints ne pouvaient plus participer aux cours prénataux pour ne pas indisposer certaines femmes.

- Dans une cabane à sucre de Saint-Grégoire, des musulmans perturbaient présumément l'ordre établi en utilisant la piste de danse pour prier et en exigeant des modifications au menu.

- La vitrine d'un gymnase était soudainement givrée pour ne pas indisposer les membres d'une certaine communauté qui auraient autrement pu voir des femmes en train de s'entraîner.

Au sortir de ces événements hautement médiatisés, la population québécoise se sentait assiégée. Allions-nous être envahis et allions-nous devoir tirer un trait sur nos valeurs collectives ? Le temps n'était pas à la rigolade. Le mot « accommodement » avait pris une connotation négative. Mais qu'en était-il ?

Qu'est-ce qu'un accommodement ?

Pour répondre à cette question, je vous offre un extrait d'un dépliant que la Ville de Montréal, un exemple en ce domaine, a distribué à tous ses gestionnaires :

« Certains citoyens sont plus exposés que d'autres aux situations de discrimination, parce qu'ils vivent avec un handicap, appartiennent à une minorité sexuelle, religieuse ou autre. L'accommodement raisonnable est une mesure destinée à contrer cette discrimination. »

Voici quelques autres exemples donnés par la Ville de Montréal :

- « Des citoyens vivant avec un handicap physique demandent un accès adapté à des locaux de la Ville (affichage en braille, installation de rampes, etc.).

- Un de vos employés, pour des motifs religieux, demande une journée de congé qui ne figure pas au calendrier de travail régulier.

- Les employés d'un service où le port de l'uniforme est obligatoire souhaitent adapter leur tenue afin de la rendre conforme à leurs pratiques culturelles ou religieuses.

C'est ce que l'on appelle des demandes d'accommodement. »

Nous allons pour notre part, d'ici à la fin de ce chapitre, nous concentrer sur les accommodements au travail.

Vous faites déjà des accommodements raisonnables

Il est des accommodements qui existent depuis des décennies. Qui songerait à obliger un futur papa à rester au travail alors que sa partenaire de vie accouche ? Qui songerait à empêcher un employé étudiant de prendre congé lors de ses examens de fin de session ? Qui obligerait un employé à reporter une opération urgente sous prétexte qu'aucun autre employé ne peut le remplacer ? Obligeriez-vous vos employés de sexe féminin à partager les toilettes des employés de sexe masculin ?

Vous faites déjà des accommodements raisonnables en matière de santé, de sexe, d'études et d'obligations familiales. Pensez-vous que vous y perdez au change ? Vous sentez-vous menacé par ce besoin de vous adapter aux autres ?

Pour vous assurer de compter sur une main-d'œuvre fidèle, pourquoi ne pas considérer d'emblée ses dimensions (ou exigences) d'ordre culturel ? Je parle ici de congés religieux, d'obligations sociales ne correspondant pas à celles de la majorité ou d'autres besoins culturels. Si un employé doit se rendre à la mosquée et que cela implique qu'il entre au travail une heure plus tard, est-ce que vous pouvez vous en accommoder sans mettre en péril la survie de votre organisation ?

Il faut bien tracer une ligne quelque part !

Oui, vous avez raison, il y a des choses qui ne se négocient pas. Les valeurs nécessaires à l'épanouissement d'un milieu de travail diversifié ne sont pas négociables. Parmi ces valeurs, on retrouve le respect des autres, la tolérance par rapport à l'ambiguïté, la flexibilité, l'empathie et la patience. Sans ces valeurs, une équipe diversifiée ne peut pas grandir et devenir plus forte. Sans ces valeurs, des gens seront heurtés par les comportements des autres.

De l'avis général, les valeurs dominantes du territoire national ne peuvent être « oubliées » au bénéfice de quelque accommodement que ce soit, réclamé par quelques citoyens. L'égalité entre hommes et femmes, le respect d'autrui, de même que les droits garantis par la Charte ne sont pas négociables.

Il ne peut pas non plus y avoir de doubles standards. Qu'allez-vous donc faire pour concilier les besoins des uns et les appréhensions des autres tout en demeurant transparent ? Voici quelques suggestions.

• Rappelez-vous que, dans l'expression « accommodements raisonnables », il y a le mot *raisonnable*. Vous n'avez pas à obtempérer à toutes les requêtes.

• Si la requête a pour effet que la personne ne pourra pas faire le travail pour lequel vous l'avez embauchée, vous n'avez pas à acquiescer. Demandez-vous plutôt s'il n'y a pas eu erreur lors de l'embauche.

• Si une demande vous amène à contrevenir à la Charte des droits et libertés de la personne du Québec, c'est non. Vous ne pouvez aller à l'encontre de la loi.

• Si la requête d'un employé risque de générer des coûts exorbitants pour votre organisation, vous n'avez pas à dire oui. Votre raison d'être n'est pas d'accommoder, mais bien de jouer votre rôle d'acteur économique dans une société concurrentielle.

• Si le fait de répondre par l'affirmative à une requête risque de mettre des gens en péril, votre devoir est de répondre par la négative. Pour autant, naturellement, que ce « non » ne soit pas borné et aveugle, et que vous puissiez faire la preuve que vous avez envisagé d'autres solutions. Bref, il ne faut jamais faire preuve de mauvaise volonté.

Vous vous tromperez rarement lorsque, comme l'illustre le graphique, vous tenez compte des trois éléments suivants quand vous prenez une décision à la suite d'une demande d'accommodement: les droits de l'employé, les contraintes de l'organisation et le bien-être des clients.

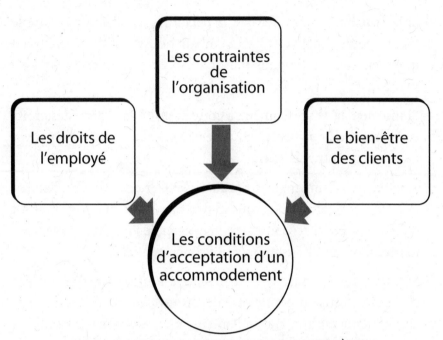

FAIRE UN ACCOMMODEMENT SELON TROIS CRITÈRES

Vous ne vous tromperez pas si vous tenez compte de ces trois éléments d'une manière équilibrée. Vous ne faites pas votre travail si vous ignorez une seule de ces dimensions.

Remarquez que ce modèle vous aidera à justifier vos décisions. Retenez cependant que ce n'est pas un modèle qui a pour but de vous permettre de dire non aux requêtes; il vous aidera plutôt à déterminer si vous pouvez dire oui. Votre attitude initiale est primordiale dans ce processus.

Rappelez-vous que vous restez le patron. Cependant, vos décisions auront un impact certain sur le degré d'engagement et d'attachement à l'organisation de vos troupes. Sur qui miserez-vous pour relever les défis en cours? Sur les membres du groupe dominant ou sur l'ensemble des talents disponibles? La réponse vous appartient.

UNE ÉTUDE DE CAS

Un employé vous demande un congé parce que, le 20 du mois suivant, il sera officiellement baptisé dans une religion différente de la vôtre. Vous avez le temps nécessaire pour planifier les horaires en conséquence, et cet employé fait bien son travail. Allez-vous acquiescer à sa demande même si les membres de cette religion ne vous inspirent pas confiance ?

Mais ce n'est pas juste !

Nous revoici, pour une énième fois, pris dans ce débat : qu'est-ce qui est juste, l'égalité ou l'équité ? Je soutiens que c'est injuste de traiter tous les gens de la même manière. Je pense avoir été clair tout au long de cet ouvrage : traiter tout le monde comme s'il était issu du même moule permet peut-être d'entretenir le mythe de l'égalité, mais cela créera inévitablement des insatisfactions. Nous ne sommes pas faits pour entrer dans un seul et unique moule.

La seule manière de traiter tout le monde équitablement, c'est de le faire en fonction de deux variables complémentaires :

- *Leur individualité.* Vous connaissez maintenant les différents continuums qui vous permettent de comprendre les comportements humains. Apprenez à vous y adapter. Tous ces comportements sont normaux. Les chances que vous vous retrouviez face à un extraterrestre restent très faibles !

- *Leur productivité.* Ceux qui rapportent plus, peu importe leurs années d'ancienneté, devraient gagner plus. C'est normal. Libre à vous de déterminer si vous récompenserez les individus ou les équipes qui produisent le plus. Cette décision dépendra de la composition de votre groupe.

Vous ne pourrez jamais passer pour équitable si vous ne tenez pas compte du caractère individuel d'un employé et de son apport particulier à l'organisation. Le gestionnaire équitable s'adapte à la personnalité de ses partenaires et sait les récompenser en fonction de leur performance.

L'accommodement que vous accordez à un employé ne brime pas les autres employés si ceux-ci se sentent traités équitablement. Ceux qui prendront ombrage du traitement particulier que vous offrirez à une personne devraient se voir offrir une formation portant sur l'ouverture à la diversité.

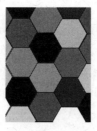

Conclusion

Le nouvel esprit de clan

*Connaissez-vous l'association de groupements de réunions
d'ensembles de communautés d'unions de rassemblements
d'agglomérations de sociétés d'alliances d'attroupements
des personnes qui aiment vivre seules ?*
Philippe Geluck

La notion de clan que je vous ai présentée en introduction reposait sur l'ethnocentrisme. L'ethnocentrisme, c'est une attitude consistant à considérer les autres groupes sociaux avec le point de vue de son propre groupe social. Pour l'ethnocentriste, si l'autre est différent, c'est sûrement qu'il est inférieur. Dans un milieu de travail, une telle attitude mène naturellement à la création de cliques et à une détérioration du climat.

N'allez cependant pas croire que l'esprit de clan est nocif. Au contraire, il favorise la cohésion du groupe en faisant grandir le sentiment d'appartenance. Dans un monde où les bons employés se font rares, les mots « cohésion et appartenance » sonnent comme « rétention et performance ». C'est ici qu'intervient le leadership.

Vous devez redéfinir le concept de clan dans votre organisation en misant sur ce qui vous rassemble. Vous devez y mettre assez d'ardeur pour que les gens oublient ce en quoi ils diffèrent les uns des autres. Et qu'est-ce qui vous rassemble ? Vos valeurs. Vos défis. Votre lutte commune contre la concurrence. Votre capacité à innover. Votre désir d'atteindre, voire de dépasser vos objectifs.

En misant sur votre raison commune de réussir, vous casserez l'ancien esprit de clan et vous formerez une *tribu* dont les membres seront fiers de travailler ensemble.

Imaginez le tableau si vous y parvenez. Alors que vos concurrents s'échineront à courir après les quelques employés disponibles (s'il y en a), vous pourrez investir vos efforts là où ça rapporte : dans l'amélioration de vos produits ou services, dans l'élargissement de la clientèle et dans la croissance de la productivité.

Votre équipe ne ressemblera en rien à ce qu'elle aurait été, il y a cinquante ans. Elle comprendra des jeunes et des vieux, des gens d'origines multiples, des gens aux croyances religieuses différentes, mais des gens unis par une mission claire : faire de votre organisation une grande organisation.

Les réponses aux questions quiz

Tout au long de votre lecture, je vous ai demandé de répondre à quelques questions concernant ce qui se passe dans votre milieu de travail, au regard de la diversité. Il est maintenant temps de passer à l'étape de la correction. Voici donc : accordez-vous un point pour chaque réponse *Vrai*. Il y avait 10 questions quiz. En multipliant votre score par 10, vous connaîtrez vos chances de relever le défi de la diversité, sans que vous preniez quelque mesure spéciale que ce soit.

Mais pourquoi ne pas aller plus loin ? Reportez ces énoncés sur une feuille et demandez à vos employés et collègues d'y aller de leurs propres interprétations. Votre perception n'est pas nécessairement la plus juste. Ainsi, allez au-devant de l'information et découvrez ce qu'il en est vraiment. Vous pourriez être très surpris.

Et maintenant ?

Je terminerai en vous proposant deux activités supplémentaires : la lecture et la formation. En matière de lecture, je vous propose, dans un premier temps, le livre *Comment devenir un meilleur boss*. Comme cela a déjà été mentionné, la moitié du lien d'attachement ressenti par vos employés envers votre organisation dépend de la qualité de leur relation avec leur supérieur immédiat. Pour conserver vos employés, quelle que soit leur provenance culturelle, vous devez améliorer le leadership de vos gestionnaires.

Lisez ensuite *La perle rare : la trouver, la garder*, un livre qui traite de la conquête et de la rétention du personnel. Ces deux ouvrages viendront bonifier ce que vous avez retiré de la lecture de ce livre.

Ensuite, pensez à former vos employés afin de les ouvrir à la diversité humaine. Il existe de nombreuses formations. Dans l'annexe qui suit, je vous offre quelques balises qui vous aideront à choisir celle qui vous convient.

Les années à venir seront cruciales. Le déclin de la main-d'œuvre active ne devrait pas vous toucher si vous vous tournez vers la richesse que vous offre la diversité sociale et culturelle.

Ce n'est que le début

Si vous pensez avoir franchi la dernière frontière en ouvrant votre organisation à la diversité, sachez que ce n'était que la première. Si votre entreprise prospère, vous vous retrouverez probablement avec des succursales en sol étranger. À ce moment, ce sera à vous de vous adapter à la culture dominante. Comment agirez-vous lorsque vous réaliserez soudainement que vous faites partie de la minorité ?

N'ayez crainte. Les mêmes principes qui vous auront aidé à ouvrir votre organisation à la diversité humaine (le respect, la compréhension et l'acceptation) vous aideront à performer en sol étranger. De toute manière, pourquoi parler maintenant de sol étranger ? Il n'y a qu'une planète Terre, et elle rapetisse chaque jour. C'est chez vous...

Les choses peuvent changer

Un dernier mot d'encouragement pour vous, si vous faites partie de ces « minorités visibles » qui n'arrivent pas à trouver d'emploi actuellement. Le nom de Tony Polk vous dit-il quelque chose ? Né dans les années 50, il devait vivre tout jeune un événement marquant. Alors qu'un de ses amis s'était blessé, il se présenta à l'hôpital pour donner de son sang. Ce jour-là, on lui dit que son don se-rait accepté, mais qu'étant donné qu'il était une personne noire, il ne pouvait pas entrer par la grande porte ; il lui faudrait faire le tour de l'établissement et entrer par derrière. Malgré le fait qu'il contri-bua à sauver la vie d'un ami, le fait qu'il était noir fit en sorte qu'on n'a pas su apprécier son geste ce jour-là.

Tony aurait pu en sortir amer ; il aurait pu se promettre de ne plus jamais rendre service à un Blanc. Plutôt, il décida de s'affairer à changer les choses. Aujourd'hui, il est directeur de la diversité à la division américaine de la Croix-Rouge. Il entre aujourd'hui par la grande porte.

Vous pouvez penser, à l'occasion, que vous vous battez contre des moulins à vent : ce n'est pas le cas. Si vous y mettez du vôtre, vous ferez inexorablement avancer les choses. Ne lâchez pas !

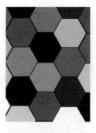

Annexe

Une formation type auprès du personnel

Une formation sur la diversité portera ses fruits avec le temps, à mesure que vous ferez des suivis et que vous aiderez chacun à développer les compétences qui lui manquent pour se sentir bien dans un milieu diversifié.

Ce qui vous est présenté dans cette annexe correspond au plan type de la formation de deux jours qu'offre la Société-conseil Alain Samson. Elle ne représente pas la seule ou la meilleure manière de favoriser le développement des compétences nécessaires à la création d'une organisation multiculturelle ; c'est une manière parmi tant d'autres. Elle est construite en fonction du modèle présenté au chapitre 6, modèle que nous reproduisons ici.

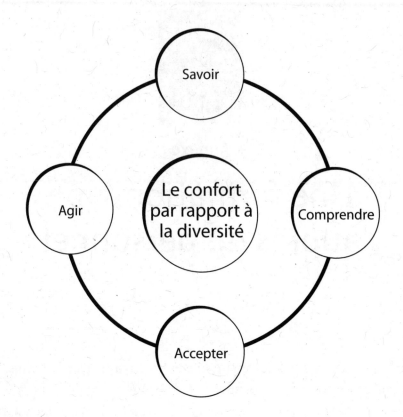

Objectifs

Offrir à chacun la chance d'acquérir les connaissances de base permettant de mieux comprendre la dynamique de la diversité.

Favoriser la compréhension des autres cultures.

Réaliser qu'on ne peut changer les autres et que, pour améliorer son milieu de travail, il vaut mieux les accepter.

Adopter des comportements favorisant un bon climat de travail dans une organisation diversifiée.

Méthodologie

Pour qu'une telle rencontre apporte les fruits espérés, il ne faut pas que les participants soient passifs. Ils doivent s'impliquer, discuter et jouer. Pour cette raison, les blocs magistraux ne doivent pas occuper plus de 20 minutes par heure.

Il faut également prévoir une salle assez grande pour les jeux d'équipe et la discussion. Des tables rondes font mieux l'affaire qu'une disposition du type salle de classe.

Horaire

Jour 1 : _____

9 h – 9 h 45 :	Activité d'ouverture (les meilleures activités d'ouverture, dans les organisations où les gens se connaissent déjà, sont des jeux qui permettent de camper la problématique qui sera à l'étude au cours de la formation.
9 h 45 – 10 h :	Présentation du plan de cours et des objectifs de la session.
10 h - 10 h 20 :	Pause.
10 h 20 – 10 h 40 :	Passation du test. Ce test permet à chaque participant de s'autoévaluer sur chacun des axes du programme (Savoir, Comprendre, Accepter et Agir). La correction individuelle (personne n'a à révéler ses scores) se fait ensuite tout au long des rencontres.
10 h 40 – 11 h :	Un jeu pour créer, chez les participants, le sentiment d'exclusion ou de supériorité.

11 h – midi :   Présentation et discussion sur notre tendance à mettre tout le monde dans une petite boîte.

Midi – 13 h 30 :   Repas.

13 h 30 – 14 h :   Présentation et activité sur les valeurs et les cultures.

14 h – 14 h 40 :   Jeu sur les paradigmes culturels.

14 h 40 – 15 h :   Pause.

15 h – 15 h 30 :   Quelles sont vos valeurs dominantes ? Activités permettant à chacun de classer ses valeurs terminales et instrumentales, puis de partager ses résultats avec les autres.

15 h 30 – 15 h 50 : Présentation sur les avantages de la diversité.

15 h 50 – 16 h 20 : Discussion sur ce qui nous empêche d'apprécier la diversité.

16 h 20 – 16 h 30 : Conclusion du jour 1 de la formation.

Jour 2 : _____

9 h – 9 h 15 :   Révision de la matière vue la veille et présentation de l'agenda du jour.

9 h 15 – 10 h :   Initiation à l'empathie et à l'ouverture à l'autre (présentation et exercices en petits groupes).

10 h – 10 h 20 :   Pause.

10 h 20 – midi :   Jeu de rôle portant sur les liens entre la prise de décision et les préjugés.

Midi – 13 h 30 :   Repas.

13 h 30 – 14 h :   Les comportements à adopter pour s'intégrer à une équipe diversifiée.

14 h - 14 h 30 :   Correction du test et report anonyme des résultats sur un tableau représentant le groupe. Cet exercice permet, sans incriminer personne, de dresser l'état actuel de l'équipe en matière d'ouverture à la diversité.

14 h 30 – 15 h 10 : Activité facultative déterminée en fonction des résultats du test.

15 h 10 - 15 h 30 : Pause.

15 h 30 – 16 h 15 : Jeu de rôle portant sur l'analyse d'une culture n'existant pas. Ce type d'activité est idéal pour faire prendre conscience aux gens de leurs comportements.

16 h 15 - 16 h 30 : Retour sur la formation et les engagements personnels.

Notes

Un tel agenda doit rester flexible. Tout au long de cette formation, des problèmes risquent de survenir. Il se peut que l'animateur doive parler de certains conflits qui, jusque-là, couvaient au sein de l'organisation et qui se sont révélés soudainement. Pour cette raison, il vaut mieux qu'un responsable des ressources humaines accompagne l'animateur tout au long de ces deux journées. Son rôle sera théoriquement passif, mais il faut prévoir les esclandres.

Pour bonifier ce contenu, la formation peut inclure les différences intergénérationnelles. Ainsi, on répondra aux deux principales problématiques auxquelles doivent faire face les entreprises québécoises en matière de ressources humaines.

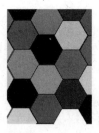

Notes

1 « Bienvenue. Welcome. Willkommen. Bienvenudos. Ben-
   venuto. Welkom... », par Marie-Claude Filion, paru dans *PME*,
   mai 2008, p. 9

2 http://www.charte-diversite.com/charte-diversite-
   glossaire.php, consulté le 3 juillet 2008.

3 http://www.assnat.qc.ca/FRA/conf-
   presse/2002/020129GC.HTM, consulté le 3 juillet 2008.

4 Samson, Alain, *Faites votre C.H.A.N.C.E.*, Les Éditions
   Transcontinental, 2007, 136 p.

5 Ce qui suit est basé sur les travaux de Milton Rokeach. Voyez
   les lectures suggérées pour en savoir plus.

6 http://fr.wikipedia.org/wiki/Culture, consulté en juillet 2008.

7 http://fr.wikipedia.org/wiki/Primogéniture,
   consulté en août 2008.

8   Hofstede, Geert et Gert Jan Hofstede, *Cultures and Organizations: Software of the Mind*, McGraw-Hill, New York, 2005, page 120.

9   http://www.lesaffaires.com/article/1/publication—lesaffaires/2007-12-01/468129/recruter-a-letranger-pour-contrer-la-penurie.fr.html

10 http://discover-jp.blogspot.com/2006/11/luck-and-unlucky-number.html, consulté en juillet 2008.

11 Graphique inspiré du travail de Nancy J. Adler.

Lectures suggérées

Livres

Adler, Nancy J., *International Dimensions of Organizational Behavior*, Ohio, South-Western, 2002, 392 p.

Bouchard, Gérard et Charles Taylor, *Fonder l'avenir : le temps de la conciliation*, Rapport de la commission de consultation sur les pratiques d'accommodement reliées aux différences culturelles, Gouvernement du Québec, 2008.

Cox, Taylor Jr., *Creating the Multicultural Organization*, San Francisco, Jossey-Bass, 2001, 168 p.

Groupe conseil Continuum, *Guide pratique de la gestion de la diversité interculturelle en emploi*, Montréal, 95 p.

Hofstede, Geert et Gert Jan Hofstede, *Cultures and Organizations : Software of the Mind*, New York, McGraw-Hill, 2005, 436 p.

Kohls, Robert l. et John M. Knight, *Developing Intercultural Awareness*, Boston, Intercultural Press, 1994, 143 p.

Raines, Claire, *Connecting Generations*, Menlo Park, Californie, Crisp Publishing, 2003, 189 p.

Rokeach, Milton, *Understanding Human Values*, New York, Free Press, 2000, 230 p.

Samson, Alain, *Affirmez-vous !*, Montréal, Les Éditions Transcontinental, 2002, 104 p.

Samson, Alain, *Comment devenir un meilleur boss*, Montréal et Québec, Les Éditions Transcontinental et La Fondation de l'entrepreneurship, 2004, 151 p.

Samson, Alain, *La perle rare : la trouver, la garder*, Montréal, Les Éditions Transcontinental, 2004, 152 p.

Samson, Alain, *Les boomers finiront bien par crever*, Montréal, Les Éditions Transcontinental, 2005, 164 p.

Sonnenschein, William, *The Diversity Toolkit*, New York, McGraw-Hill, 1999, 211 p.

Thiederman, Sondra, *Making Diversity Work*, Chicago, Kaplan Publishing, 2003, 199 p.

Trompenaars, Fons et Charles Hampden-Turner, *Riding the Waves of Culture*, New York, McGraw-Hill, 1998, 274 p.

Dépliant

Ville de Montréal, *L'accommodement raisonnable : guide à l'intention des gestionnaires de la Ville de Montréal*, Montréal, ISBN : 2-7647-0126-8.

Faites-nous part
de vos commentaires

Assurer la qualité de nos publications
est notre préoccupation numéro un.

N'hésitez pas à nous faire part de
vos commentaires et suggestions
ou à nous signaler toute erreur
ou omission en nous écrivant à :

livre@transcontinental.ca

Merci !

Les Éditions
Transcontinental